Elisabeth Flickenschildt

Kind mit roten Haaren

Ein Leben wie ein Traum

Hoffmann und Campe

Fotos Rosemarie Clausen (7), Georg Fruhstorfer (1)
Das erste Foto des Bildteils stellt Elisabeth Flickenschildt in Dürrenmatts Besuch der alten Dame dar.

5. Auflage, 36. bis 40. Tausend 1971

ISBN 3 455 02040 2. Printed in Germany

»Sie müssen sich bemühen«, sagte Maria Laxganger zu mir, »daß Sie für sich einen Platz an der Südseite des Friedhofs bekommen, da blühen die Blumen besser.«

Mein Vater, erst siebzehn Jahre alt, hatte sich an der Spitze des vordersten Mastes der Viermastbark »Hallelujah« festgebunden, um auf der Höhe von Gibraltar bei einem ungeheuren Sturm nicht heruntergerissen zu werden. Die Spitze des Mastes schaukelte von einer Seite zur andern und war ständig von Wasser überflutet.
Dies kannte mein Vater noch nicht. Er weinte, er schrie, aber niemand hörte ihn, denn der Sturm war viel lauter, und die Leute an Deck konnte er kaum erkennen. Er sah nur Wasser, Wasser, nichts sonst; bei jeder neu heranrollenden Woge glaubte er fortgerissen zu werden. Er versuchte, die Leinen des Segels wieder in die Holzringe zu schnüren, aus denen sie sich gelöst hatten, aber wie unmöglich, das fertigzubringen! Er preßte seinen Kopf gegen das zitternde und vibrierende Holz des Mastes, er ließ die Hände fallen und schloß die Augen. Und da merkte er etwas, das er, geboren an den Ufern der Nordsee, eisigkalt, eisiggrau, auch noch nicht kannte – dies Wasser war warm, wunderbar weich und warm, um-

armend, Wohltat; seine Angst verschwand für jetzt und immer, für immer.
Nie würde ihm etwas geschehen, niemals, er wußte es.
Er verlor nie ein Schiff, verlor nie einen einzigen Mann von denen, die mit ihm fuhren, er kam nie mit einer Havarie in den Hafen, Liebling der Elemente.
Doch jetzt, mein Vater, mit siebenundzwanzig ein junger Kapitän, im März bei Regen und Schnee unterwegs von Madrid nach Island, und seine Frau, seine Angebetete, seine Göttin, seine Perle, sie lag in ihrem schneeweißen Bett, im schneeweißen Hemd, und Großvater und Großmutter und die Onkel lauschten vor der Tür, aber es dauerte zu lange, sie gingen schlafen. Erst in der Morgenfrühe wurde ein Mädchen geboren.
Mit ganz roten Haaren.
Das war ich.

I

»Martha«, sagte ich zu unserem Dienstmädchen – wir hatten damals ein Dienstmädchen zu Hause, man nannte es so, ein Mädchen, das die Dienste tut.
»Martha, Du mußt mir achtzig Mark leihen, ich will nach Berlin!« Es dauerte einige Wochen, bis ich sie davon überzeugt hatte; aber woher sollte ich sonst das Geld nehmen? Ich hatte nichts, und meine Eltern hätten mir niemals etwas gegeben, damit ich nach Berlin fahren konnte.
Aber Martha gab es mir – heimlich.

An einem Nachmittag, als mein Vater nicht da war und meine Mutter schlief, packte ich einige Kleider und zwei Paar Schuhe in einen Koffer, nahm ein Stück Seife und einen Kamm mit, fuhr mit den achtzig Mark nach Hamburg und stieg dann in den Berliner Zug. In Hamburg auf dem Hauptbahnhof erwartete mich ein Bekannter – ein Verehrer, ein kleiner dicker Mann aus Südamerika mit einem freundlichen Gesicht, und brachte, sehr schön eingewickelt, einen ganzen Strauß Orchideen zum Abschied.

Dann saß ich im Zug nach Berlin. Als ich dort ankam, wartete niemand auf mich. Ich kannte niemanden. Ich wußte nicht, wo ich aussteigen sollte. Wenn man von Hamburg kam, kam man auf dem Lehrter Bahnhof an. Völlig allein stand ich da. Wohin sollte ich gehen? Ich stieg in eine Stadtbahn und fuhr stundenlang, den ganzen Nachmittag, durch Berlin. Ich sah aus dem Fenster, sah die unendlich vielen Häuser und Straßen und weiter draußen die Seen und Wälder. Dann fuhr ich wieder zurück und getraute mich nicht, irgendwo auszusteigen.

Es wurde dämmrig; ich versuchte ein Gefühl von Verlorenheit und Trauer, das mich überwältigen wollte, zu unterdrücken, und am Bahnhof Zoo entschloß ich mich, auszusteigen.

Meinen Koffer und die Blumen in der Hand, wanderte ich umher. Wo wollte ich hin?

Ich kam in die Augsburger Straße und sah ein Haus mit einem Schild »Pension Fränkel«. Mir öffnete eine Frau mit gelben Haaren, die am Kopf aber immer schwärzer wurden, mit Pantoffeln an den Füßen, einem lila Morgenrock mit goldener Stickerei und einem bleichen, törichten Gesicht. »Haben Sie ein Zimmer für mich? – Sie sind doch eine Pension?«

»Ja, ja«, sagte sie und ging vor mir her, einen langen dunklen Gang entlang bis zu einem kleinen Zimmer; das zeigte sie mir und blieb dann beobachtend in der Tür stehen. Ich war zu Tode erschrocken. Das Fenster ging auf einen Hof hinaus, der fast dunkel war. In einer Ecke stand ein weißes Eisenbett, zugedeckt mit einer weißen Decke, die wie eine vom Fenster heruntergenommene Gardine aussah und ganz dreckig war. Die Luft in dem Zimmer war furchtbar. Ich hatte sofort das Gefühl, ich ersticke. Aber Frau Fränkel lächelte und sagte:

»Sie werden nicht viel Geld haben!«

»Was kostet es?« fragte ich.

»Fünfunddreißig Mark.«

»Gut, gut, ich nehme es.«

Die Tür wurde zugemacht. Frau Fränkel schlich wieder den Flur entlang; ich setzte mich auf die Gardine. Nun, ja! Es ging mir im Augenblick nicht so gut. Dann riß ich das Fenster auf und sah vom sechsten Stock hinunter in einen grausamen, öden, dunklen, verlassenen Hinterhof.

Ich blieb einige Wochen in diesem Zimmer. Es war unbeschreiblich, wie schnell das Geld zu Ende ging. Ich mußte zu den Agenten der Bühnengenossenschaft fahren, mußte hierhin und dorthin, mußte etwas essen, mußte mal einen Kaffee trinken, und dann war immer wieder Frau Fränkel da, die mich freundlich anlächelte und für dieses und jenes immer wieder etwas haben wollte.

Erst ganz langsam begriff ich, in was für eine Pension ich geraten war. Von diesem dunklen

Gang gingen lauter verschiedene Türen aus, hinter denen ab und zu Merkwürdiges und Bestürzendes zu hören war. Aber ich dachte nie darüber nach. Ich wollte nicht. Dann stand einmal eine Tür offen, und ich sah ein rosa Bett, mit Pelz zugedeckt, und eine unheimliche Menge von Schuhen unter dem Bett: dreißig oder vierzig oder fünfzig Paare, und mitten auf diesem rosa Bett saß ein kleiner weißer Stoffpudel mit ganz großen, hellblauen, merkwürdigen Augen aus Glas.

Dann war es so weit, daß ich fast kein Geld mehr hatte und fast nichts mehr zu essen. Frau Fränkel merkte es anscheinend.

»Ach«, sagte sie, »kommen Sie doch abends in die Küche!«

»Wozu?« sagte ich.

»Ach, wir kochen alle etwas Gutes, wir kochen so gern.«

Ich ging in die Küche. Da war ein kleiner Kochherd, und um ihn herum standen fünf junge Frauen. Sie schnitten Gemüse, taten Fleisch und Knochen in einen Topf, ließen Wasser darauf laufen und stellten den Topf auf das Feuer.

»Guten Abend«, sagte ich, »was kochen Sie?«

»Bouillon«, sagte eine hübsche, freundliche, schwarzhaarige, angemalte junge Frau. Die anderen lachten. »Wir essen nur Bouillon.«

Dann fragte eine: »Sie wollen zum Theater?«

Ich antwortete nicht. Ich wußte in diesem Augenblick nicht, was ich sagen sollte. Der Gedanke an das Theater schien mir in diesem Augenblick so zweifelhaft und unendlich weit entfernt, so unerreichbar und sagenhaft, in so unbeschreiblicher Höhe, daß ich dachte, darüber kann ich hier nichts sagen. Ich ging aus der Küche hinaus und setzte mich wieder auf mein Bett.

Dann kamen schlimme Tage. Ich verließ mein Zimmer fast nicht mehr. Draußen wurde es entsetzlich kalt. Das Zimmer war eisig. Durch den Luftschacht vor dem Fenster drang ein böser Wind – ein kalter, böser Wind, den ich noch jahrelang in Berlin gefürchtet habe.
Manchmal überlegte ich, ob es nicht besser wäre, ganz schnell und plötzlich aus dem Fenster hinauszuspringen. Wie ein sehnsüchtiger Zwang lag das auf mir. Es gab Stunden, in denen ich mich mit Gewalt zurückreißen mußte. Man machte mir auch gar keine Hoffnung. Es wird alles anders, hieß es bei der Bühnengenossenschaft. Sie sind kein deutscher Typ. Außerdem war alles voller Unruhe, viele Theater schienen sich aufzulösen. Niemand machte mir Mut, aber ich dachte nicht ein einziges Mal daran, wieder nach Hause zu gehen. Niemals hätte ich das getan.

Ich hatte ein schwarzes Kleid mitgebracht, ein langes schwarzes Kleid aus Tüll mit einem Unterkleid aus Taft, ohne Ärmel und ziemlich weit ausgeschnitten. Ich sah merkwürdig darin aus. Die vielen roten Haare, die ich hatte – und dann dieses Kleid. Man hatte mir gesagt, am Berliner Platz gibt es ein kleines Cabarett, wo junge Schauspieler sich zeigen dürfen, wenn sie Lieder oder Chansons singen können. Ich ging abends hin. Es war ein kleines Lokal und ziemlich voll. Man sah mich an, und ich durfte auftreten und singen. Ich sang: »Morgenrot, Morgenrot, leuchtest mir zum frühen Tod ...«

Ich weiß noch genau, welche Stille plötzlich eintrat und welche Verblüffung ich hervorrief. Dann war einen Augenblick gar nichts. Die Leute sahen mich an, ich sah die Leute an und dann ging ich wieder weg.

Aber dann kam ein Brief, ein Brief aus München, von den Kammerspielen. Ich sollte zum Vorsprechen kommen.

Das gibt es im Leben.

Da rief ich das erste Mal zu Hause an. Nichts hatten sie bisher von mir gehört. Niemals hatte ich mich gemeldet.

»Bitte«, sagte ich am Telefon, »schickt mir hundertfünfzig Mark, ich muß nach München fahren und vorsprechen.«

»Wie geht es dir?« fragte meine Mutter.

»Gut, fabelhaft gut! Schickt ihr mir das Geld?«
»Ja, wir schicken es dir.«
Das Geld kam. Ich fuhr nach München.

In München war wunderbares Wetter, ganz warm, weich, ein bißchen Regen. Die Straßen glänzten. Alles war anders. Alles war wunderbar.
Ich ging in die Kammerspiele. Ich lernte Otto Falckenberg kennen: ein großer, schlanker, fast eleganter Mann voller Liebenswürdigkeit und Zartheit. Er nahm meine Hand und drückte sie so leise, und trotzdem war er wunderbar zu fühlen.
»Kommen Sie«, sagte er, »wir gehen nach oben auf die Probebühne.«
Vor der Probebühne zog ich meinen Mantel aus. Dann sah ich noch einmal zu ihm hin – er lächelte leise – und dann sprach ich vor: Die »Jungfrau von Orleans« von Schiller und die Gräfin Geschwitz aus dem »Erdgeist« von Wedekind. Mir liefen die Tränen herunter, ich zitterte, ich schrie, ich schmiß mich auf den Fußboden, ich fühlte eine so ungeheure Kraft und eine solche Gewalt so plötzlich in mir, daß ich wußte, ich kann weiter nichts tun in diesem Leben, als diese Gewalt jetzt und immer deutlich zu machen – zu versuchen, sie deutlich zu machen, Falckenberg nahm wieder meine Hand.

»Ja, ja«, sagte er, »kommen Sie mit, mein Kind, jetzt gehen wir in mein Büro. Ich lasse einen Vertrag aufschreiben, und dann können Sie in vier Wochen anfangen.«
Als ich das Theater verließ, war noch immer Regen, der warme, wunderbar weiche Regen.

Dann fuhr ich von München nach Hause. Jetzt konnte ich es ja wieder tun. Ich war engagiert. Ich war Schauspielerin – für zweihundertachtzig Mark.
Mein Vater holte mich am Bahnhof ab. Mein Vater war herrlich. Er umarmte mich. Wir gingen zu Fuß nach Hause. Meine Mutter blieb etwas kühler, etwas distanzierter. Ihr kam alles sehr merkwürdig vor.
»Wirklich«, fragte sie, »wirklich, du gehst nach München?«
»München ist schön«, sagte ich.
»Ja, aber so weit – von Hamburg nach München! Wir waren alle noch nie in München.«
»Lieber Gott«, sagte ich, »das macht doch nichts«.

Als Kind hatte ich nie gewußt, warum alles so sein mußte, aber ich konnte auch durch Geschrei nichts ändern.
Diese Sonntage! Mittags gab es Bouillon mit Schwemmklößchen. Feine, kleine Schwemmklöß-

chen aus Butter und Mehl, etwas Petersilie darübergestreut, dann Kalbsbraten mit ganz feinen Erbsen. Telefonischer Anruf bei Herrn Borcherts (Delikatessen): »Also, mein lieber Herr Borcherts, bitte nur die ganz feinen, die ganz kleinen, die ganz jungen Erbsen.«

»Jawohl, jawohl, alles wird besorgt!«

Zum Nachtisch gab es Zitronencreme oder Schweizer Reis mit Sahne und Früchten oder Weingelee mit Vanillesoße, und danach schliefen alle. Man versank in Schlaf, in den sonntagnachmittäglichen Abgrund des Schlafens. Überall war es still, rund umher. Man hatte das Gefühl, die Menschen sind alle in ihren Häusern verschwunden, die Türen sind abgeschlossen, und alle schlafen. Still war es überall, fürchterlich und unheimlich still. Aber nach zwei oder drei Stunden gab es Kaffee und Kuchen, Torte und Sahne oder Butterkuchen, und das mußte man wieder alles aufessen, und dann mußte man spazierengehen und die Matrosenmütze aufsetzen mit zwei kleinen Bändchen hinten dran und vorne goldene Buchstaben: *S. M. S. Gneisenau.* Das war das schlimmste.

Alles zusammen ein Martyrium, eine Marter.

Ich versteckte mich auf dem Boden und schaute aus der Dachluke hinaus, Hilfe erflehend, Hilfe suchend, irgendwoher – aber nichts ereignete sich. Die Welt war still. Nur von draußen hörte ich nach mir rufen. Endlich raffte ich mich auf, verließ das Fenster und den Anblick der Birken und Eichen ohne Blätter und ohne Grünes, den Anblick der ziehenden grauen Wolken und des nieselnden Regens. Wir gingen bei jedem Wetter spazieren; alle taten das. Scharen von Menschen bewegten sich aufeinander zu, führten Gespräche miteinander – ja, wie geht es denn? ja, was macht ihr denn? – Und die vielen Krankheiten: die Lunge, die Leber, der Magen, der Kopf, die Ohren, die Beine, alles krank ...

Und dann trennte man sich wieder, und die Familien strebten einem Ziel zu: die Elbe anzusehen.

Diese große, graue Elbe, breit, voller Schiffe. An den Ufern lagen Eisblöcke. Große, merkwürdig geformte Eisblöcke, die am Strand liegengeblieben waren, wie große, aus der Urzeit stammende, erstarrte Fische. Manchmal, wenn die Sonne noch herauskam, ein roter, fremder Schein, dann sahen alle dorthin; das Wasser färbte sich rötlich, die Wolken erschienen plötzlich rot. Irgend etwas Unbekanntes, Herrliches erschien rotgetönt am Himmel, dann verschwand es nach Sekunden. Wir sahen alle wieder auf die graue Elbe, auf die Schiffe mit ihren Rauchfahnen, die am Horizont verschwanden, und auf die anderen Menschen, die neben uns gingen, neben uns standen und stehenblieben und alles das gleiche taten wie wir und alle schwarz angezogen waren. Alle Männer trugen schwarze Hüte und schwarze Mäntel, die man Überzieher nannte, ziemlich lang und weit mit einem kleinen Samtkragen, und die Frauen gingen auch alle in Schwarz, mit großen, schwarzen Hüten und langen Mänteln. Und nachdem alles erledigt war, alles angesehen war, alles besprochen war, gingen wir wieder nach Hause.

Schlimmer wurde es nur, wenn wir Bekannte trafen, Bekannte meiner Mutter. Wie mein Vater sie haßte! Wie mein Vater diese Weiber haßte!

Mit lautem Getöse fielen sie über meine Mutter her. Sie verehrten meine Mutter, sie bewunderten sie, weil sie in der Schule die schönsten Aufsätze geschrieben hatte und als intelligent galt. Ja, ja, Ida ist intelligent! Und mein Vater stand daneben und wußte, daß sie ihn nicht mochten. Sie mochten ihn nicht. Er war nur auf der Volksschule gewesen und hatte rote Haare, und man wußte, daß er zu Hause sang und meiner Mutter jeden Morgen den Kaffee ans Bett brachte und eine Rose auf das Tablett legte. All das wollten diese Weiber nicht. Sie spielten Klavier, sie waren dick, sie waren üppig, aber sie verachteten die Sinnlichkeit, das Sinnliche, den Mann. Sie blieben allein, sie hatten keine Kinder, sie hatten keinen Mann. Und wenn man an ihren Wohnungen vorbeiging, sah man, daß sie weiter nichts taten, als aus dem Fenster starren. Wenn man hinsah, traten sie einen Schritt zurück, damit man nicht merken sollte, wie neugierig sie waren. Gierig nach Neuem, nach etwas, was sie nicht kannten, nicht wußten. Eine von ihnen erhängte sich an der Schnur im Klosett. Mein Mutter weinte, als sie zur Beerdigung ging. Etwas von all diesen Traurigkeiten steckte auch tief in meiner Mutter, in der ganzen Familie.

Wenn mein Vater fort war, wachte ich mitten in der Nacht auf, weil ich merkte, daß meine Mutter in ihrem langen weißen Nachthemd mit Spitzen am Hals und unten an den Ärmeln an meinem Bett stand. Ihre langen Haare fielen an ihr herunter, schöne Haare, etwas rötlich, etwas gold- und kastanienfarben.

»Steh auf«, sagte sie, »ich kann nicht schlafen.«

Ich zog mich an, leise, damit die anderen nicht wach wurden, und dann mußte ich den Arzt in Hamburg anrufen, den Nervenarzt in Hamburg, nachts um drei oder um vier Uhr. Dr. Lübke, ein schmaler Kahlkopf mit wässrigen, hellen Augen, einer großen Nase und einer ganz sanften, hohen Stimme. Sein Telefon stand am Bett. Er hatte gesagt, daß wir immer anrufen könnten, zu jeder Tages- und Nachtzeit. Meine Mutter liebte es, davon Gebrauch zu machen.

»Ruf ihn an«, sagte sie, »sag ihm, ich kann nicht schlafen.«

Ich tat es. Ich nahm den Hörer von der Gabel.
»Meine Mutter kann nicht schlafen!«
»Ah«, sagte er, »sprechen Sie ruhig mit ihr, gehen Sie mit ihr spazieren.«
»Herr Dr. Lübke, es ist drei Uhr!« Oder vier. Oder fünf.
»Das macht doch nichts, mein Kind! Die Stunden sind alle gleich.«
Ich legte den Hörer wieder auf, meine Mutter stand neben mir.
»Was hat er gesagt?« fragte sie.
»Wir sollen spazierengehen«, sagte ich.
Wir fürchteten uns nachts nie. Wir gingen durch den Wald, einsame Wege, einsame Straßen, in den Häusern alles dunkel, manchmal ein Licht, dann blieben wir stehen und wunderten uns, warum dort jetzt ein Licht brannte. Das dauerte so eine halbe Stunde oder eine Stunde, dann fing meine Mutter an zu gähnen, wir gingen zurück und sie legte sich wieder ins Bett.
Ich hörte überhaupt nur immer Trauriges von allen Frauen aus der Familie. Meine Großmutter mußte mehrere Male mit Gewalt zurückgeholt werden, weil sie sich ins Wasser stürzen wollte. Die Mutter meines Großvaters hatte ein uneheliches Kind von einem Grafen aus Mecklenburg. Ihr Vater verstieß sie, schmiß sie aus dem Hause, jagte sie davon, als sie kurz vor der Geburt stand. Sie schnitt sich die Adern auf, kam in ein Kran-

kenhaus und traf dort einen Pfarrer mit seiner Frau, die sie aufnahmen und ihren Sohn großzogen – meinen Großvater. Ein schöner, großer Mann, schlank, etwas elegant, generös und gar nicht passend zu meiner Großmutter, die eine kleine dickliche Frau war, immer etwas weinerlich, leicht Tränen in den Augen, aber von einer unendlichen Güte; sie schenkte alles her, was sie irgend besaß oder entbehren konnte oder was anderen Freude gemacht hätte.
Doch über dem Ganzen lag ständig eine Sucht, fast eine Sehnsucht, ein ungeheuerliches Verlangen nach Unglück, nach Tod, nach Verzweiflung, nach Einsamkeit. Aber alles wurde wieder zugedeckt vom täglichen Leben. Morgens aufstehen, die Kinder mußten zur Schule, das Essen mußte gekocht werden, die Kinder kommen aus der Schule, der Abend naht, gute Nacht!
Jeden Tag das gleiche.
Mein Vater war ganz anders. Ich habe seine Mutter nie gekannt. Ich hätte sie gern einmal gesehen, sehr gern. Manchmal sprach mein Vater von ihr. Sie muß schön gewesen sein, zart und schlank mit weißer Haut und schwarzen Haaren, aber sie starb früh bei der Geburt eines Kindes. Das Blut floß in Strömen aus ihr. Sie lag da, und niemand konnte ihr helfen. Sie starb. Mein Vater war vierzehn. Er mußte zusehen, wie der Sarg, in dem seine Mutter lag, ein zugenagelter Kasten,

an Stricken in ein großes, schwarzes Loch hinuntergelassen wurde. In dem Loch war lauter Wasser. Es spritzte hoch, als die Kiste hinunterkrachte. Mein Vater riß sich von der Hand seiner Tante los und lief fort, er lief und lief und kam nie mehr nach Hause zurück. Er hat seine Familie nie wiedergesehen. Er war vierzehn und ging nach Hamburg. Er wartete im Hafen, bis er ein Schiff fand, das ihn mitnahm, und einige Wochen später war er in Amerika und dann in Australien und dann in Afrika.

Ich kannte gar kein Theater. Ich war nie in einem Theater gewesen. Meine Eltern gingen niemals aus. Sie sprachen eigentlich auch nie von Gott. Mir ist nie klargeworden, welche Beziehung meine Eltern zu dieser oft genannten Erscheinung hatten. Sie sagten: »Ach, du lieber Gott« oder: »Lieber Gott, nun hör mal zu...«. Oder: »Lieber Gott, mach mich fromm, daß ich in den Himmel komm« – das mußten wir abends beten; aber sonst hörte ich nichts von ihm.
Ich wurde natürlich konfirmiert. Das gehörte sich einfach, das mußte sein. Ich bekam ein dunkelblaues Taftkleid, hoch am Hals geschlossen, in der Mitte ein Gürtel, und in die Hand ein kleines, weißes Spitzentaschentuch, das auf dem Gesangbuch lag, und dazu ein Sträußchen Maiglöckchen. So sahen wir alle aus, alle gleich.

Pastor Marksen führte uns in die Kirche, alle Eltern standen auf, dann wurde gesungen, die Orgel spielte, draußen schrien die Schwalben in der Luft, und ich fühlte mich die ganze Zeit einer Ohnmacht nahe und dachte nur: »Paß auf, daß du nicht vom Stuhl fällst!« Denn ich hatte morgens noch nichts gegessen und getrunken. Der ganze Haushalt war zu aufgeregt. Es hatte nichts zum Frühstück gegeben.

Gerade am Abend vorher war der Umbau fertig geworden, eine offene Veranda hatte Glasfenster bekommen, einen schönen Fußboden, und spät in der Nacht hatten wir noch die Gardinen aufgesteckt. Von morgens früh an klingelte es an der Haustür. Alle Handwerker, alle Geschäftsleute schickten Blumen mit großen Karten: Die herzlichsten Glückwünsche zur Konfirmation! Lauter weiße Blumen, Hortensien und Alpenveilchen und weißer Flieder. Die neue, glänzende Veranda stand voll von diesen weißen, duftenden Blumen, mit dunkelroten oder rosa oder hellblauen Manschetten aus Kreppapier, die um die Blumentöpfe gewickelt waren.

Nachmittags kam der Herr Pastor. Er setzte sich an den Kaffeetisch. Man wußte, daß er kommen würde. Es war vorher angesagt worden, zu welchen Familien er kommen würde. Meine Mutter sagte:

»Biete dem Herrn Pastor ein Stück Kuchen an!«

Ich nahm die große Tortenplatte mit der Aprikosentorte, hoch bedeckt mit Schlagsahne, schnitt zierlich und manierlich ein Stück von der Torte ab und wollte es dem Herrn Pastor mit einem Knicks überreichen – aber es ging nicht. Vor Aufregung rutschte mir der Teller aus und fiel auf die Erde. Mein Kleid wurde schmutzig, der Herr Pfarrer wischte seinen schwarzen Anzug mit der Serviette ab. Ich war verzweifelt und lief in die Küche und weinte. Abends, allein im Bett, las ich nochmals den Spruch, der für mich im Gesangbuch angekreuzt war:
»Sei getreu bis in den Tod, so will ich dir die Krone des Lebens geben.«

Ich hatte noch drei Geschwister. Reizend war meine jüngste Schwester, schön, zierlich, graziös. Sie war fünfzehn Jahre jünger, und ich fuhr sie durch die angrenzenden Gärten im Kinderwagen spazieren und pflückte reife, rote Himbeeren für sie, die aß sie gern. Manchmal war meine Mutter dabei, im weißen Kleid. Sie ging vor uns her, wir mieden die üblichen Wege, wir gingen durch den Wald, durch das Brombeergestrüpp, durch die Birkenbüsche. Wir bewegten uns ständig wie in einem Irrgarten. Die Sonne in den Zweigen, die Wärme und das knisternde Holz. Da ließ ich den Kinderwagen stehen und sagte: »Jetzt gehe ich zum Theater, ich werde Schauspielerin.« Meine Mutter drehte sich um, ihre kühlen und kritischen Augen fest auf mich gerichtet.

»Was soll das heißen? Du weißt doch gar nicht, was das ist!«

Und dann meine Onkel damals. Meine eleganten weltschmerzlichen Onkel, die einen englischen Schneider in Hamburg hatten und gern nach St. Moritz fuhren; ebensogern standen sie abends in der Dämmerung unter dem Kirschbaum im Garten in der kühlen feuchten Luft, die der Westwind mitbrachte, die schönen schmalen Hände in den Hosentaschen, wo sie dann mit den alten goldenen 20-Mark-Stücken spielten, die sie liebten und die sie immer reichlich in der Tasche trugen. Diese Onkel, die die Welt gefährlich, verderblich, zur Vernichtung bereit fanden, diese Onkel schüttelten den Kopf und waren der Meinung ihrer Schwester, meiner Mutter: »Eigenartig, zum Theater? Wie merkwürdig! Was will sie da?« Niemand verstand es. Ich war so blöde und töricht, ich erzählte es immer wieder, den ganzen Tag: »Ich werde Schauspielerin!« – meinen Schulfreundinnen, dem Fischhändler, dem Gemüsemann, dem Schreibpapierverkäufer, der jeden Monat einmal kam, ein Hallodri, ein Gangster mit spitzen Schuhen und hohen Absätzen;

er kniff die Augen zusammen und lachte, lachte so schrecklich, daß ich böse wurde und ihm die Türe vor der Nase zuschmiß. Ich hatte niemand, der mir auch nur freundlich zugehört hätte. Dann las ich einmal im »Hamburger Fremdenblatt« eine Kritik über eine Aufführung im Schauspielhaus und betrachtete das Bild eines Schauspielers daneben, der sehr viel Erfolg gehabt hatte.
Am nächsten Tag nahm ich von unserem Rosenbeet im Garten einige Rosen fort und fuhr nach Hamburg, Schwanenwik 36, an der Alster. Dort wohnte er; ich klingelte und saß nach einigen Minuten dem Mann gegenüber, dessen Bild ich gestern bewundert hatte.
»Welche Rollen haben Sie studiert?«
»Rollen habe ich noch nicht studiert, aber ich könnte vielleicht ein Gedicht aufsagen.«
»Ja, sagen Sie ein Gedicht auf!«
Er sah aus dem Fenster, ich sah an den Wänden hoch – mir fiel nichts ein, nicht eine Zeile; dann bewunderte ich die Silber-Tabletts die überall herumstanden – sechsundzwanzig Stück. »Ja«, sagte er, »Geschenke von vornehmen Hamburger Familien«. Und dann fing ich an.

»Im Himmel droben in einer Ecken,
wo die alten Soldaten die Beine strecken,
weit weg von Heiligen und Propheten,
von Märtyrern und Anachoreten,

da sitzen die seligen alten Landsknecht beisammen.«

Ich war aufgeregt; aber dabei sah ich genau sein Gesicht, wie er mich unentwegt ansah, lächelnd, freundlich, erstaunt, belustigt und ganz ernst.
»Ja«, sagte er dann, »kommen Sie doch morgen nachmittag wieder, dann habe ich Zeit für Sie.«
Dann schenkte er mir eine Karte für das Schauspielhaus für den nächsten Abend.
Ich bedankte mich und ging.
Beschreibe, wie du dann nach Hause gingst!
Das kann ich nicht – Beschreibe, wie du dann am nächsten Abend im Theater warst!
Nein, ich kann es nicht.

2

»Ich habe den Teufel gesehen«, sagte mein Bruder. »Er saß auf einem Fahrrad und trank aus der Flasche, die an seiner Lenkstange hing. Er hatte einen dunkelblauen Pullover, ganz krauses schwarzes Haar, zwei kleine Hörnchen rechts und links am Kopf, und er lachte und winkte und fuhr in der Richtung zur Elbbrücke.«

»Was wollte er dort?«

»Das weiß ich nicht.«

»So«, sagte ich, »das ist noch gar nichts, ich habe Odysseus gesehen. Ich ging zum Hauptbahnhof, und er ging vor mir her. Er hatte auch einen blauen Pullover und eine blaue Mütze und trug seinen Seesack mit beiden Armen hinter dem Kopf auf dem Rücken. Ich bin lange hinter ihm hergegangen; einige Leute blieben stehen und überlegten: wer ist das, den kenne ich doch, aber es fiel ihnen nicht ein, und sie gingen weiter.

Sein wunderbares Gesicht, etwas müde, braungebrannt, tiefbraun; er suchte das griechische Konsulat. Er hatte einen Zettel in der Hand und suchte die Straße und die Hausnummer, und ich

zeigte ihm den Weg und sagte: Du bist Odysseus.«
»Und was sagte er?« fragte mein Bruder.
»Ich danke dir. Vergiß mich nicht.«
Einen Abend später hörte ich fast dieselben Worte.

»Was machen Sie hier«, hatte er gefragt, »ich habe Sie schon oft beobachtet, wohnen Sie hier?«
»Nein, ich habe hier Unterricht, ich werde Schauspielerin, ich lerne Rollen.«
Und er hatte meine Hand genommen und »Wie wunderbar!« gesagt und meine Finger mit seinem Mund berührt; ich kannte ihn, er war in der Schule nebenan. Wir gingen durch die Stadt, dann gingen wir zusammen viele Treppenstufen zu einer Wohnung hinauf. Oben öffnete uns ein Kind mit einem Ball in der Hand und großen bösen Augen; im Zimmer war es ganz grün, fast dunkel, weil Bäume davor standen. Kein Stuhl, nur ein Tisch, darauf legte er unsere Kleider. »Das Kind horcht«, sagte ich, »ich glaube, es steht vor der Tür und horcht.« Dann hörten wir, wie das Kind den Ball gegen die Wand fallen ließ, an die Wand, auf die Erde, Wand, Erde, immer wieder. »Laß doch«, sagte er, dann war Totenstille. Nur das Flüstern und das Atmen und die Küsse, Küsse, und die junge weiche Haut und die Haare und die Brust und die Umarmungen; und dabei begann noch etwas ganz anderes,

gleichzeitig; hierher gehen zu können, das alles tun zu können, auf dem Kopfkissen, auf dem weißen Laken, niemand wußte, wo ich war, niemand hätte mich gefunden, und dies war zum ersten Mal mein eigener Wunsch und mein eigener Wille und mein eigenes Leben, und es begann etwas, dem ich Jahre später jeden Abend, wenn es gespielt wurde, in der Vorstellung begierig zuhörte:

»Die Fliegen« von Sartre. Ich war die Königin Klytämnestra.

Orest (Gründgens): »Der Mensch ist frei, Electra.«

Herzklopfen. Totenstille.

Und dann wieder der Ball an der Wand, auf der Erde, Wand, Erde, immer wieder, mahnend, drohend oder gar nichts bedeutend. Wir lagen einander in den Armen, ganz zärtlich, verschlungen: »Ich danke Dir«, sagte er, »vergiß es nicht.«

»Nie – niemals.«

Unterdessen hatte sich sehr viel geändert. Hitler war Reichskanzler geworden; ein Bekannter von uns war am 30. Januar in Berlin gewesen.

»Nein«, sagte er, »nein, nein, stellt euch vor: ich stand ›Unter den Linden‹, Millionen Menschen um mich herum, Abend und Nacht und lauter

Fackeln in der Nacht und SA-Männer, und alle sangen, der Führer zeigte sich am Fenster, und alle Leute schrien und waren glücklich und umarmten sich. Es war ungeheuerlich. Mein ganzes Leben lang vergesse ich das nie.« Er strich sich mit den Händen durch die Haare und sah uns mit wilden, aufgerissenen Augen an. Meine Mutter war enthusiasmiert. Mein Vater ging aus dem Zimmer. Er mochte nichts darüber hören.

Einmal war ich mit meiner Mutter in einem Garten gewesen, wo durch das Radio eine Rede von Hitler übertragen wurde, als er in Hamburg sprach. Es war am Sonntag. An allen Tischen saßen Menschen und tranken Kaffee oder Bier; die Kellnerin ging herum. Alles schien voller Erwartung, voll heiterer Laune. Meine Mutter drückte meine Hand.

»Paß auf«, sagte sie, »gleich wirst du etwas erleben!«

Dann kam aus dem Radio die Ankündigung, daß der Führer spricht; man hörte Musik, Marschmusik, Händeklatschen und Heil, Heil, Heil! – Im Garten wurde es still. Auch die Bedienung hatte sich gesetzt. Der Himmel war ganz blau, einzelne weiße Wolken da oben. Von der Elbe hörte ich mehrere Male einen Dampfer – und dann sprach der Führer.

3

An einem Sonntagmorgen war ich in München angekommen. Am 10. August. Die Spielzeit hatte gerade begonnen. Nachmittags ging ich ins Theater zu einer Vorstellung der »Wildente« von Ibsen. Ich setzte mich hinten irgendwo auf einen freien Platz. Der Zuschauerraum war einige Minuten dunkel, die Besucher flüsterten, dann ging der Vorhang auf, und auf einer ganz einfachen Bühne – ein Tisch, ein Sofa, einige Stühle, ein einfacher alter Schrank – saß in der Mitte ein blondes junges Mädchen und schrieb. Sie hatte den Kopf tief geneigt, eine Brille hatte sie auf, und alles machte ihr anscheinend große Mühe. Aber wie sie dasaß, merkte jeder Zuschauer sofort, ohne daß irgend etwas anderes geschah oder sie sich bewegt oder gesprochen hätte, daß jetzt etwas Besonderes bevorstand, etwas Außergewöhnliches. Das war Käthe Gold.
Nach der Vorstellung ging ich um das Theater herum. Ein Sommerabend. Neben dem Bühneneingang stand eine lange grüne Bank. Darauf saßen die Arbeiter nach der Vorstellung und

tranken ein Bier, hatten ein Messer in der Hand und schnitten sich Brot ab oder Wurst oder Käse. Rundherum waren Gärten und Häuser mit Balkons. Als es dämmrig wurde, kamen allmählich die Lichter; die Leute saßen auf ihren Balkons hinter ihren Blumen, die Luft war warm, alles war voll unendlicher Heiterkeit und so angenehmer Stille und Friedfertigkeit.

Ab und zu kam einer der Schauspieler, die mitgespielt hatten, aus dem Theater heraus. Mir klopfte jedes Mal das Herz. Ich kannte sie ja noch nicht alle, aber einige doch, von Bildern und Geschichten aus der Zeitung: O. E. Hasse, Will Dohm, Kurt Horwitz, Margarethe Melzer, Marianne Hoppe, Ferdinand Marian und seine Frau Maria Byk.

Es wurde allmählich dunkler. Dann hörte man aus dem Theater heraus wieder die Klingelzeichen für die Abendvorstellung. Aus den umliegenden Wohnungen kam Radiomusik. Da ging ich nach Hause, über die Maximilianstraße mit den vielen alten, großen Kastanien bis zur Isar hinunter, die klar und grün unter der Prinzregentenbrücke herausschoß. Zuerst wohnte ich bei einer Frau Oberstleutnant und ihrer Haushälterin Anna, einer ganz stillen, großen, dunklen Frau aus dem Bayerischen Wald, die schon fast wie eine Tschechin oder eine Böhmin sprach.

Am Tag nach diesem Sonntag sollte eine Versammlung im Theater sein, morgens um zehn Uhr. Die Schauspieler, die Techniker, die Bühnenarbeiter, die Garderobenfrauen, die Souffleuse, die Inspizienten, alles sollte sich im Zuschauerraum versammeln.

Die Bühne war schon offen, als wir uns setzten. Zwei große Fahnen der NSDAP standen links und rechts auf der Bühne, ein Rednerpult in der Mitte, und dann kam der Portier, den ich gestern in seiner Loge gesehen hatte, in brauner Uniform und hielt eine Rede.

Falckenberg stand neben ihm auf der Bühne und sah überhaupt nicht auf, nicht zu den Schauspielern hin; er blickte nur so auf seine Knie und war so völlig blaß, daß man denken konnte, er ist krank. Neben mir saß eine junge Frau, die ich noch nicht kannte, und neben ihr ein junger Mann mit brandrotem Haar. Die beiden hielten sich fest an den Händen, manchmal hörte ich sie beide aufstöhnen, dann drehten sich die anderen herum und machten: Psst! In der Mitte der Rede, die von den Wundertaten der NSDAP handelte, hatte ich das Gefühl, daß die Frau gleich aufspringt und schreit und davonläuft – andere hielten sie zurück, aber sie murmelte unentwegt vor sich hin: »Ich kann nicht, ich kann nicht, ich kann nicht!« Das alles ging vorüber, und weil ich noch niemanden kannte, ging ich wieder fort. An dem Tag waren keine Proben. Ich wußte damals noch nichts von den »Kammerspielen« in München, ich wußte nicht, daß viele Schauspieler, Regisseure und Dramaturgen emigrieren mußten und unter den Schauspielern ihre besten Freunde zurückgelassen hatten.

Mit Falckenberg und seiner Frau Gerda Mädler freundete ich mich bald an. Wir saßen bis spät in die Nacht zusammen. Falckenberg konnte nie vor zwei oder drei Uhr einschlafen. Seine Arbeiten hielten ihn bis spätabends auf der Bühne fest, dann war er noch so gespannt und erregt von all seinen Plänen, daß es Stunden dauerte, bis er müde wurde.

Nach einiger Zeit, als ich mich etwas eingelebt hatte, nahm ich mit zwei Kolleginnen – mit Melanie Horoschowski und mit Edith Schulze-Westrum, jener Kollegin, die bei der Versammlung neben mir gesessen hatte und so verzweifelt gewesen war, eine Wohnung. Wir taten uns zusammen und mieteten in der Widenmayerstraße, direkt der Isar gegenüber, drei Zimmer im zweiten Stock, für jeden von uns eines, und hatten dazu eine kleine Küche und ein Bad. Wir hatten auch ein kleines Dienstmädchen, Theresia aus Passau – ein kleines Mädchen von achtzehn Jahren, das sich die größte Mühe gab, etwas für uns zu kochen, was nicht immer gelang. Aber das machte uns allen gar nichts. Wir hatten auch nicht viel Geld; ich verdiente zweihundertachtzig

Mark, Melanie vielleicht noch etwas weniger – nur Edith hatte mehr, weil sie schon länger am Theater war als wir; sie hatte dafür auch das größte Zimmer. Ich hatte meinen Eltern geschrieben und gebeten, daß sie mir für mein leeres Zimmer doch ein paar Möbel schicken möchten, weil ich mir von meinem Geld nichts kaufen konnte. Die Möbel kamen auch: mein altes weißgestrichenes Bett, ganz hoch, ganz breit, mit hohen gedrechselten Beinen, und ein kleiner rosa Bettvorleger; dazu ein Brief von meinem Vater: »Mehr möchten wir Dir jetzt noch nicht schicken, wir hoffen, daß es genügt.« Das Bett paßte natürlich nicht in die Wohnung in München. Wir schnitten erst einmal die langen, hohen Beine ab; dann kauften wir schwarze Farbe, um das Bett schwarz zu streichen, dazu einen bedruckten Stoff, den wir darüber deckten. Theresia hatte von zu Hause eine Nähmaschine mitgebracht und nähte weiße Gardinen, und einer der Arbeiter aus dem Theater zimmerte mir dazu einen schwarzen Schrank. Allmählich sah es wunderbar aus, und mehr brauchten wir nicht. Ich kam mit meinen zweihundertachtzig Mark sehr gut aus. Jeder bezahlte hundert Mark Miete und achtzig Mark fürs Essen. Fahren tat ich nie, weil alles zu Fuß zu erreichen war, und was brauchten wir sonst? Nichts, außer Rollen und Proben!

Weihnachten hatten wir uns einen Tannenbaum gemacht und Kuchen gebacken, und ich wollte so gern, daß wir Karpfen äßen, blau, mit Meerrettichsoße, weil ich das von zu Hause so gewöhnt war, aber die anderen mochten es nicht, das war ihnen zu norddeutsch. Edith hatte in ihrem Zimmer etwas Merkwürdiges aufgebaut. Eine Laubhütte. Als wir in ihr Zimmer traten und alles bewunderten, sah sie uns an und sagte: zur Erinnerung an meinen jüdischen Freund in London. Später klingelte es, und wir wurden gebeten, eine Etage tiefer zur Weihnachtsfeier zu kommen: dort wohnten Kollegen von uns, jung verheiratet, Heli Finkenzeller und Will Dohm. Mein Gott, war die Wohnung prächtig hergerichtet, Glanz und Gloria, ein riesiger Baum voll bunter Kerzen und Kugeln, zwanzig oder dreißig blühende Azaleen und Kamelien standen auf dem Fußboden um den Baum herum, die herrlichsten Geschenke, Parfum und seidene Kleider und seidene Pantöffelchen, ein herrliches Mahl, Silber und Gläser. Will Dohm war ein großartiger Typ. Er liebte es, alles ins Festliche und Grandiose zu steigern. Seine Verschwendungssucht war phantastisch, doch alles war mit so viel Geschmack dargeboten, daß jeder gern bei ihm war. Aber als wir dann wieder oben bei uns waren, gefiel es uns dort genau so gut.

Einer der besten Freunde von Falckenberg war

damals Richard Billinger. Wir spielten ein Stück von ihm, »Stille Gäste«. Käthe Gold spielte ein buckliges Mädchen und Kurt Meisel einen jungen verwegenen Metzgerburschen. Ich spielte in einem schwarzen, gestickten, langen Kleid eine Frau aus einem Dorf, die sich für die Kaiserin Elisabeth von Österreich hält und immer glaubt, sie wird von einem Anarchisten ermordet. Ich hatte einen schwarzen Sonnenschirm in der Hand, eine schwarze Perücke auf wie die ehemalige Kaiserin und war ganz weiß geschminkt, und Billinger war mit mir zufrieden.
Billinger saß immer bei den Proben dabei. Seine große, massige Figur in blauen Anzügen, sein wildes niederösterreichisches Gesicht, die vielen schwarzen, lockigen Haare und tief im Nacken der steife schwarze Hut. Wir probierten oft nachts, nach der Abendvorstellung; das heißt, wenn die Vorstellung gegen elf Uhr zu Ende war, wurde abgebaut und das Bühnenbild für Billingers Stück aufgebaut. Wir gingen unterdessen in unsere Garderobe, tranken einen starken Kaffee, schwatzten und alberten und lachten und freuten uns auf die Proben, die oft bis drei oder vier Uhr morgens dauerten. Keiner von uns wurde müde, und dabei waren wir doch den ganzen Tag im Theater gewesen: morgens Proben von zehn bis zwei oder drei Uhr, dann gab es oft eine Nachmittagsvorstellung, die um vier Uhr

begann und gegen sechs oder halb sieben vorbei war, dann die Abendvorstellung und schließlich die Nachtproben; wir waren unermüdlich. Das Theater bekam damals nicht so große Zuschüsse wie heute und mußte zusehen, wie es durchkam. Außerdem war Falckenberg ein so leidenschaftlicher Probierer, daß er immer von anderen gemahnt werden mußte, wenn die Zeit überschritten war. Ich weiß noch, es war am Tag der Premiere von »Der eingebildete Kranke« von Molière, daß wir eine Generalprobe hatten, die bis eine halbe Stunde vor der Premiere dauerte. Wir mußten mit Gewalt von der Bühne gebracht werden, sausten nach oben, schminkten uns und zogen uns um für den ersten Akt – und dann kam die Premiere.

Einer der schönsten Räume des Theaters war die Damenschneiderei. Es waren nur zwei kleine Räume, und alles war vollgestellt. Figurinen aus Korb oder aus Draht, an denen anprobiert wurde. Die Regale waren voll bis oben hin mit Stoffen in allen Farben, Seide, Chiffon, Damast, Atlas, alles glänzte und schimmerte. Der Fußboden war ständig bedeckt mit kleinen Resten von Seiden- und Stoffabfällen. Es war, als ginge man auf einer bunten Wiese spazieren, und immer roch es nach Kaffee, ständig wurde da oben Kaffee gekocht, und die jüngste Näherin, ein kleines Lehrmädchen, wurde zum Kuchenholen geschickt. Alles war so weiblich, so reizvoll. Die Nähmaschinen surrten, die Mädchen nähten, und alles war so friedlich, es waren nette und freundliche Frauen, die sich mit unseren Kostümen beschäftigten. Ich saß zu gern bei ihnen. Als ich dann später am Staatstheater in Berlin war, war das natürlich alles viel prächtiger, dort gab es große Säle für diese Dinge, Schränke voll Leder von den verschiedensten Sorten und Farben, Stiefelkammern, Waffenkammern, was nur an einem Theater gebraucht wurde, stand dort bereit – in München war alles viel bescheidener und trotzdem so reizvoll.

Ich hatte einmal in Prag einen Film gemacht und lernte dort eine Tschechin kennen, die die Kostüme für diesen Film arbeitete, die Swatkowa. Als ich zur Anprobe ging, war es ähnlich wie in München. Alte Spiegel mit riesigen Goldrahmen, ein wildes Gewoge von Farben und Material – und der Geruch von Kaffee.

Aber das schönste in München waren die Zeiten der Kostümfeste, der Kammerspielfeste, der Feste zum Verlieben, zum Flirten, zum Küssen, zum Tanzen, mit umgehängten Straußenfedern, mit riesigen schwarzen Hüten, mit rotseidenen Unterröcken; alle Räume voll von heiteren und fröhlichen Menschen und Musik – und morgens war alles vorbei. Ein wenig weißer, glitzernder Schnee lag auf der Straße. Wir gingen mit Falckenberg durch den Englischen Garten. Die großen Bäume stäubten Schnee auf uns herab. Wir hörten die Isar rauschen, ganz kalt, ganz grün. Von der Theatinerkirche hörten wir die Glocken. Einige alte Frauen eilten an uns vorbei zur Messe.

Wir gingen nach Schwabing, in irgendein Atelier, hoch oben. In den vierten oder fünften Stock, die Holztreppen hinauf in einen Raum mit langen Fenstern, einem kleinen eisernen Ofen, aus dem die Kohlen herausglühten. Ich ging an das Fenster, jemand stellte sich hinter mich und legte seine Hand in meinen Nacken und zupfte an meinen Haaren und schob die Hand ein bißchen tiefer, und ich fühlte das alles und sah aus dem Fenster und sagte: »Was ist das dort?« Eine schläfrige Stimme fragte: »Was?« Ich sagte: »Dort oben, sieh doch mal!« Man konnte aus dem Fenster in der Morgendämmerung etwas sehen, was ich noch nicht kannte. Es war eine schneeweiße, bewegte Linie, und hinter dieser schneeweißen Linie tauchte etwas auf, etwas Rotes, Goldenes, Feuriges, und die Kanten dieser Linie bekamen einen schmalen blutroten Saum. Was ist das? sagte ich. Da sagte er: das sind die Berge.

Aber nicht alles ging gut. Ich sollte die Paulina spielen im »Wintermärchen« von Shakespeare. Das konnte ich nicht. Falckenberg gab sich unendliche Mühe mit mir. Immer wieder erklärte er mir die Rolle, er sprach sie mir vor und wartete mit rührender Geduld, bis ich soweit war, und tröstete mich: »Warte nur, morgen auf der Probe wird es dann schon gehen.« Aber es ging nicht. Ich war allmählich so verzweifelt, daß ich nicht wußte, was ich tun sollte. Mehr Mühe konnte ich mir nicht geben. Ich lernte die Rolle unentwegt. Es lag auch nicht am Text, den konnte ich. Ich fand einfach keinen Zugang zu dieser Figur, zu dieser älteren ruhigen Frau, die am Königshof lebte. Ich fand auch nichts, wo ich einhaken konnte, wo mir hätte bewußt werden können, wie ich es hätte machen sollen. Es ging nicht. Diese Probenzeit war schrecklich. Jeden Morgen mußte ich mich zwingen, überhaupt ins Theater zu gehen. Ich hatte solche Angst, daß mir die Knie zitterten. Nachts wachte ich auf und schlief nicht wieder ein. Ich weinte, ich betete, lieber Gott, laß mich doch diese Rolle können. Warum konnte ich es nicht? Ständig überlegte ich, ob ich nach Hause fahren sollte, zurück nach Hamburg. Ob ich nicht krank werden könnte, nicht vielleicht schon krank war. Aber nichts geschah, als daß die Zeit weiterging und die Premiere herankam, und ich war so schlecht und bedeutungslos und unzureichend, einfach gar nichts. Vielleicht war ich gar nicht begabt? Was für Einbildungen von mir, hierher zu kommen und mich unter die

Schauspieler zu mischen! Ich hatte doch sicher gar nichts damit zu tun. Hatte meine Familie mich nicht ständig gefragt: »Woher weißt du, daß du begabt bist?« Und hatte ich nicht ständig geantwortet: »Ich weiß es!« Ich hatte mich getäuscht. Mich für begabt zu halten – und es gar nicht zu sein. Ich dachte, das beste ist, ich sterbe. Hinab in die Isar. Ein schrecklicher Gedanke nach dem anderen plagte mich. Konnte man sich über sich selber so täuschen? Wenn ich das von mir selbst nicht wußte, was wußte ich dann überhaupt von mir?

Diese fürchterlichen Plagen und Qualen gingen erst vorüber, als eine andere Rolle kam. Da ging es wieder besser.

4

Von München kam ich nach Berlin, an das Deutsche Theater in der Schumannstraße, zu Heinz Hilpert. Was gab es dort für reizende Menschen. Ein Beispiel nur: Angela Salloker.
Sie hatte eine rosige durchscheinende Haut und einen zarten Hals. Wenn sie lachte, bewegte sich alles, und es sah aus wie Musik in ihrer Kehle.
Und überhaupt . . .

In Berlin war alles ganz anders. Es war das Jahr der Olympischen Spiele. Die Stadt war überfüllt von Fremden, von Sportlern, von Zuschauern. Das Olympische Dorf war schön angelegt. Man hatte das Gefühl, die ganze Stadt lebte und zitterte und bebte in Erwartung der Spiele. In Sanssouci, in Rheinsberg, in dem stillen kleinen Park zwischen den stillen Wäldern der Mark Brandenburg, überall traf man Engländer, Amerikaner, Franzosen, Spanier, Italiener, und alle waren heiter, alle waren lustig. Es war ein schöner Sommer.
Aber das war nur die Oberfläche. In dem kleinen

Bezirk, den das Deutsche Theater einschloß, war manchmal alles ganz anders. Hilpert war ein ganz anderer Mann als Falckenberg, viel fester, direkter, stabiler, in seinen Äußerungen viel präziser. Wer außer ihm hätte in diesen Jahren das Theater durch alle Schwierigkeiten und bedrohlichen Augenblicke durchbringen können? Er lebte ständig unter dem Druck des Ministeriums, das alle Schwächen und Fehler seiner Schauspieler kannte und ständig bereit war, sie bloßzustellen, zu offenbaren, mit Gefängnis zu bestrafen und das Theater die Folgen spüren zu lassen. Und sofort einzugreifen, wenn nicht alles so lief, wie es laufen sollte. Doch bei den Proben vergaß jeder alles. Morgens, vorher, vor dem Beginn wurde geredet, gesprochen, auch erzählt, man hörte dieses und jenes, es entstanden Bedrückungen, Depressionen, die dann im Lauf der Probe verschwanden und wieder ausgeglichen werden konnten. Nach den Proben saß Hilpert stundenlang mit seinen Schauspielern im Restaurant des Deutschen Theaters, das im Keller untergebracht war. Seine heitere und friedliche Natur besänftigte sich dort immer wieder in der Mitte seiner Freunde. Seine Frau war in die Schweiz emigriert. Die Schauspielerin Gisela von Collande wagte es manchmal, sie auf geheimen Wegen, die vom Bodensee aus in die Schweiz gingen, zu besuchen. Sein einziger Sohn mußte Soldat wer-

den und fiel als Soldat. – Aber noch war kein Krieg. Zuerst ging alles noch scheinbar auf den glattesten und geebnetsten Wegen. Wir gaben eine Vorstellung »Der erste Frühlingstag«, ein englisches Stück. Leicht, mit guten Rollen, die auch alle sehr gut besetzt waren. Eine von diesen Rollen spielte eine Kollegin aus der Tschechei, die das intensivste Wohlgefallen des Ministers erregt hatte. Jeder wußte das. Wir spielten jeden Abend mit dieser Kollegin, und alles verlief wie bei jeder üblichen Vorstellung. Bis Hilpert uns eines Tages zu sich rief. Wir waren eingeladen zu einer Dampferfahrt, das ganze Ensemble, das in dieser Vorstellung beschäftigt war. Eine Fahrt auf dem Wannsee. Und anschließend ein Kaffee in dem Haus in Schwanenwerder. Niemand sagte ein Wort. Jeder blieb still – dann Hilpert: »Laßt mich nicht im Stich. Es muß sein!«
Es war ein sonniger Tag. Wir bestiegen das Boot, ein schneeweißes, großes Boot. Es war warm. Das Wasser war frisch und bewegt. Wir zogen unsere Jacken über. Jeder wartete etwas nervös. Alles war voll angespannter Gelassenheit. Dann kam der Minister, begrüßte uns alle, und wir fuhren ab. Es war merkwürdig, als er kam; er sah so merkwürdig aus. In einem schneeweißen Segleranzug, weiße Hose, weiße Jacke mit goldenen Streifen an den Ärmeln und eine Seglermütze mit goldener Kokarde. Die kleine zierliche Gestalt in

diesem Anzug. Mußte man lachen, mußte man erschrecken? Später gab es viele Filme, in denen diese Figur dargestellt wurde. Aber ich habe nie eine Darstellung gesehen, die gestimmt hätte. Mir schien das alles falsch, nicht gefährlich, nicht merkwürdig genug. Bei dem Ganzen war etwas, das man nur luziferisch nennen konnte. Und dann die Haut seines Gesichts. Jahre später, nach dem Krieg, sah ich in Tübingen auf der gegenüberliegenden Sraßenseite Romano Guardini vorbeigehen. Diese beiden Menschen miteinander zu vergleichen, auf keinen Fall! Aber beide hatten etwas gemeinsam, das mir auffiel. Er kam über die Straße herüber zu mir und sagte: »Sie sind Schauspielerin, nicht wahr?« »Ja«, sagte ich. Er lächelte und ging weiter. Und bei beiden fiel mir auf, daß ihre Gesichtshaut ganz hell war, ganz leicht, ganz porös – wie ohne Blut. Als ob durch die Intensität des Lebens eine Verwandlung in irgendeinen anderen Stoff stattgefunden hätte.
Das Haus in Schwanenwerder war schön, mit großen Räumen und schönen Bildern, und die Kinder kamen, um »Guten Tag« zu sagen. Wunderschöne Kinder. Ganz zart, graziös mit langen, dunklen Haaren und großen, ausdrucksvollen und lebhaften Augen. Nur geboren, um von den eigenen Eltern vergiftet zu werden.

Durch alle diese Erlebnisse und Erfahrungen,

nach denen man dann Abends nach Hause ging, durch all die Eindrücke, mit denen man fertigzuwerden versuchte, waren wir ständig in einer Stimmung der Aggression, aber auch der verstärkten Lebensfähigkeit. Oft hatte man das Gefühl, daß die Proben unter einem Überdruck stattfanden, der sich dann manchmal, an Tagen wie dem 1. Mai, in einem ungeheuren, blödsinnigen Gelächter und bei vielen Getränken unten im Restaurant Luft machte. Aber was war das auch für eine Vorstellung der »Drei Schwestern« von Tschechow! Durchgearbeitet bis ins letzte, kleinste Detail. Hilde Körber als Mascha, Angela Salloker als Irina und ich als Olga, die älteste Schwester; Wilfried Seyferth als der dicke fette Bruder, der den Kinderwagen schiebt. Christian Kayssler als Offizier, als melancholischer, unglücklicher Offizier. Sein Vater wurde später von den Russen erschlagen. Und wenn Wilfried Seyferth als unser Bruder, in den wir die größten Hoffnungen gesetzt hatten, und der zu nichts kam und nichts fertigbrachte, auf dem Sofa saß und sagte: »Die Gegenwart ist widerwärtig, aber in der Ferne sehe ich ein Licht leuchten.« Und wie wir Schwestern zum Schluß allein, verlassen, zu Tode betrübt zusammenstanden und nur noch eines wünschten: fortzukommen von dort, wo wir waren, nach Moskau, nach Moskau, nach Moskau ...

An einem Morgen, einige Zeit später, wurde eine Probe unterbrochen, und es hieß, daß ein Tiroler Bauer käme, um Hilpert einmal vorzusprechen, weil er Schauspieler werden wollte. Wir waren alle gespannt, was werden würde, und setzten uns weit hinten in den Zuschauerraum. Hilpert saß ziemlich weit vorne mit seinem Glas Rotwein und der Zigarre in der Hand. Auf der Bühne trat ein Mann auf, groß, stark, braungebrannt, mit blonden Haaren, in einem österreichischen Trachtenanzug. Er sprach einen ungeheuren Innsbrucker Dialekt und sprach dann einige Szenen aus »Der Meineidbauer«; er sprach den »König Lear«, die Szene, in der Lear seine Töchter verfluchte, und er sprach den Macbeth: »Wenn ich denke, wie ich böse angefangen und wie böse alles enden muß.« Wir saßen atemlos. Was für eine Erscheinung – die rührende Unbeholfenheit, die ungeheure Intensität! Auch Hilpert war ganz still. Dann war das Vorsprechen vorüber. Hilpert ging zu dem Mann auf die Bühne und sprach mit ihm. Wir waren erregt. Wie wunderbar ist das Theater! Da kommt jemand vom Lande und spricht den Lear und will zum Theater. Wir konnten uns gar nicht beruhigen. Nachmittags, es war nach dem Ende unserer Probe, vielleicht gegen drei oder vier Uhr, im Restaurant war es dämmrig, wir hörten die Bedienung in der Küche das Geschirr vom Mittag abspülen, sagte Hil-

pert plötzlich zu den wenigen, die um ihn herumsaßen – und er wußte, daß alle, die dabeisaßen, Freunde von ihm waren und untereinander fest verbunden –, er sagte: »Das war kein Bauer aus Innsbruck, das war ein jüdischer Schauspieler, der Mann von Agnes Straub.«
Am Abend hörten wir, daß er schon wieder abgereist war. Weswegen war er gekommen, was hatte er gewollt?
Wollte er Agnes Straub besuchen, wollte er nur einmal wieder auf einer Bühne stehen, Theater spielen, weil er es entbehrte, weil es sein Leben war und er nichts vergessen konnte?
»Hast du ihn erkannt«, fragten wir Hilpert.
»Sofort, aber ich habe es mir nicht merken lassen, der Schweiß lief ihm von der Stirn, ich sah seine Todesangst.«

Todesangst.

Für die Schauspieler, die abends spielen mußten, war am Staatstheater eine Nachtvorstellung von »Hans Sonnenstößers Höllenfahrt« angesetzt, einem Stück, über dessen Inszenierung in Berlin damals unendlich viel gesprochen wurde. Die Vorstellungen waren jeden Abend ausverkauft, und jeder wollte sehen, was da geboten wurde.
Es war herrlich, schön, zwischen all den erwartungsvollen Kollegen im Zuschauerraum zu sit-

zen, Gelächter, Amusement, Erwartungen, Spott, Kritik, Lächeln, all das breitete sich schon aus, bevor der Vorhang aufging.
Es war wirklich eine sonderbare Vorstellung. Elsa Wagner saß als Papagei gekleidet mit buntem Hütchen und buntem Federmantel in einem Ring, der dem Ring glich, auf dem die Vögel im Zoo sich niederlassen. Käthe Gold ging als alberner Backfisch in einem Matrosenkleid herum, mit einer schwarzen Musikmappe in der Hand, in der ihre Noten waren und auf der »Klavier« stand. Und Gründgens hatte einen hellblauen Anzug an, kniete auf dem Boden und spielte mit einer Eisenbahn. All das war unendlich verblüffend für mich. Merkwürdig war auch die zwiespältige Anziehungskraft, die durch Gründgens' Persönlichkeit in dieser Nacht spürbar wurde. Ich glaube, er war befangen; er wußte natürlich, daß es eine Vorstellung für Schauspieler war, und bebte und zitterte innerlich sicher vor diesem Gremium. Dann mußte man wieder denken, es ist zwar reizend, wie befangen er ist, aber warum? Dann versprach sich Elsa Wagner, die Schauspieler auf der Bühne fingen an zu lachen; sie wandten sich ab, um ihr Lachen zu verbergen, aber im Zuschauerraum hatte man das natürlich sofort bemerkt, auch dort breitete sich Gelächter aus, obgleich man eigentlich gar nicht genau wußte, warum – und plötzlich herrschte zwischen allen,

die in dieser Nacht versammelt waren, das wunderbarste Einverständnis und das herzlichste Verstehen. Die Vorstellung ging mit ungeheurem Applaus zu Ende, und jeder, der das Theater verließ, war allerbester Laune.
Und als ich nach Hause ging, überlegte ich: Wie merkwürdig – und Gründgens? Was macht er für seltsame Gesichter! Was empfindet man für seltsame Dinge durch ihn? Warum war er so ängstlich? Mochte ich diese Erscheinung, diese viel besprochene, viel beredete Erscheinung, die ich heute abend zum erstenmal gesehen hatte? Nein, dachte ich, ich glaube, den mag ich nicht.

Das nächste Mal sah ich ihn in seiner Garderobe im Kleinen Haus des Staatstheaters an der Budapester Straße. Er hatte mir sagen lassen, daß er mich kennenlernen möchte, und ich sollte doch einmal in die Garderobe kommen. Er spielte dort »Kirschen für Rom«. Gut, natürlich hatte ich Herzklopfen. Ich wurde hereingeführt, die Garderobe war groß und erschien mir wunderbar, mit Teppichen und Spiegeln – und dann Gründgens, der vor seinem Schminktisch saß, mit einer blonden Perücke mit Locken und einer Rüstung, die glänzte und glühte wie aus lauter Gold. Er war unendlich liebenswürdig zu mir, und ich saß da und staunte und starrte, und er gefiel mir viel, viel besser als in der Vorstellung im Theater.

»Ja«, sagte er, »wenn Sie mögen, kommen Sie ans Staatstheater.« Wir besprachen den Vertrag; dann war die Pause zu Ende, und ich sagte Adieu, und auf der Straße dachte ich immer, mein Gott, mein Gott, das Staatstheater! Du kommst an das Staatstheater nach Berlin! Ich war so glücklich, mir schwindelte fast vor Glück. Es war alles so ungeheuerlich. Die drei Jahre bei Falckenberg in München, dann drei Jahre bei Hilpert im Deutschen Theater in Berlin – und jetzt das Staatstheater!

Es gibt heute kein Theater mehr, das für einen jungen Schauspieler ein solcher Höhepunkt sein könnte. Schade, man braucht das, man will das, man muß wissen, warum man sich anstrengt und wo man hinkommen kann, wenn man Glück hat, wo eine Erfüllung ist. Das Staatstheater war für mich eine Erfüllung.

Einige Tage später ging ich also morgens in das Büro am Gendarmenmarkt. Am Eingang standen mehrere Männer in Livree, dann wurde telefoniert, dann wurde ich von einem dieser Männer begleitet – die großen Treppen, die weiten Gänge –, dann stand ich vor einem der Zimmer, und plötzlich war eine Dame da, die ich gut kannte und die ich gern mochte. Sie nahm meine Hand, sie lachte: Gustl Mayer. Ihre wunderbaren Augen, ihre warme Hand. »Na«, sagte sie, »kommen Sie doch herein.« Dann schob sie mich in das nächste

Zimmer, und da saß Gründgens hinter seinem Schreibtisch, ganz ernst, ganz streng, ganz kühl, als hätten wir uns vorher nie gesehen. Der Vertrag wurde besprochen, das Formular wurde hereingebracht, ich mußte unterschreiben. Dann war schon alles vorbei. Gründgens klingelte, ich wurde wieder hinausgebracht, und dann stand ich draußen auf dem Gendarmenmarkt, und ich dachte: Mag ich den überhaupt? – Nein, ich glaube, den mag ich nicht.

Und an einem Morgen war das plötzlich alles anders. Es war Oktober oder November. Wir probierten »Die lustigen Weiber von Windsor«. Es war meine erste Rolle am Staatstheater, eine kleine, aber wunderbare und freche Rolle: Frau Hurtig. Alles lief in den üblichen Formen ab. Zuerst ging man in seine Garderobe, zog seinen Mantel aus, dachte nach, dann traf sich alles auf der Bühne, Marianne Hoppe, Käthe Gold, Gustav Knuth; die großen Schauspieler des Staatstheaters schienen ungewöhnlich gut miteinander auszukommen. Alle waren freundlich, höflich, zärtlich miteinander, und dann begann die Probe. Aber draußen war schlechtes Wetter, Wind und Regen, und an diesem Morgen war alles etwas gedämpfter, melancholischer, niemand wußte, woher es kam. Und es ging nicht vorwärts, kleine

Streitereien entstanden, es taugte alles nicht viel. Ich hatte an diesem Tag ein schwarzes Kleid an und ging einen Augenblick hinter die Bühne, weil ich nicht recht wußte, was ich machen sollte; und plötzlich war ich von einer ungeheuren Traurigkeit und Melancholie erfüllt. Man hörte den Regen auf das Dach des Theaters fallen. Auf der Hinterbühne, wo ich stand, war es fast dunkel. Vorne hörte ich die Kollegen sprechen und ihren Text aufsagen, und plötzlich stand Gründgens neben mir und nahm das hellrote Tuch, das ich als Gürtel um mein Kleid gebunden hatte, in die Hand und sagte: »Was für eine wunderschöne Farbe ... Diese Farbe ist das einzig Erfreuliche, das ich seit Tagen gesehen habe.« Dann drehte er sich wieder um, war fort, und ich stand da. Es war das Gleiche, alles wie vorher – und doch alles ganz anders.

Dieses neue und fast euphorische Gefühl wurde schnell wieder abgelöst von Erkenntnissen, die so neu und so bitter für mich waren, daß ich lange damit zu tun hatte.

Wie gut es für mich war, dieses alles zu wissen, zu erfahren, zu lernen, begriff ich erst später.

Unter der Regie von Fehling probierte ich die Mutter Wolffen im »Biberpelz« von Gerhart

Hauptmann. Das Stück bekam eine hervorragende Besetzung. Werner Krauß spielte den Wehrhahn. Auch die kleinsten Rollen waren mit ersten Schauspielern besetzt. Die Proben machten viel Freude, Fehling war in glänzender Form. Ihm fielen unentwegt neue Details, neue Möglichkeiten ein. Albert Florath spielte den Schiffer, der zu Wehrhahn kommt, um die Geburt eines kleinen Mädchens anzuzeigen. Florath saß auf der Bank in diesem königlich-preußischen Amtszimmer, er trug eine blaue Schiffermütze, die Haare hingen ihm ganz glatt herunter, eine blaue Schifferjacke und blaue Hosen. Es war unglaublich, sein lustiges, verschmitztes Gesicht zu beobachten, schon auf den Proben, wenn er seine Hände zusammenlegte, um die Größe des neugeborenen Kindes anzuzeigen. Das Kind wurde immer kleiner. Zum Schluß war es so groß wie eine Babypuppe. Und dann Krauß ihm gegenüber als Amtsrichter. Ganz genau, ganz präzise. Die Küche, die mir und meiner Familie als Aufenthaltsraum diente, war glänzend schwarz gestrichen – warum, wußten wir alle nicht. Aber es gefiel Fehling. In dieser Küche saß ich auf einem Stuhl und mußte meine Haare aufmachen, sie lange und ausführlich kämmen, und dann alles wieder mit großen Haarnadeln aufstecken. Fehling liebte solche Passagen. Sie begeisterten ihn. Er sah Bilder vor sich, die diesen Szenen auf dem Theater ähnelten. Er liebte die Zusammenhänge zwischen den Künsten, dem Theater, der Malerei, dem Tanz, der Musik, der Plastik – alles war für ihn nur eine Möglichkeit, dem Menschen zu zeigen, wie er wirklich ist und wie der Dichter ihn haben will.

Ich ging mit größtem Vertrauen in die Premiere. Ich war vollkommen ohne Angst, bester Laune, obwohl ich eigentlich gar nicht der Typ war, diese Rolle zu spielen, und mir das Gehabe der Mutter Wolffen, die mit einem getöteten Reh nachts nach Hause kommt und ständig versucht, ihre kleinen Schwindeleien und Diebereien zu vertuschen und zu verstecken, immer ein bißchen verwunderlich blieb. Aber die ganze Sache machte mir viel Freude und viel Vergnügen. Dann wurde die Premiere gespielt. Der Zuschauerraum war voll, es war Berlin, es war das Staatstheater!

An diesem Abend erfuhr ich etwas Entscheidendes. Als das Stück begann, spielte sich etwas ganz anderes ab, als vorher auf den Proben besprochen und verabredet war. Ich war naiv, taumelte in alles hinein wie in ein unbeschreibliches Vergnügen – und die Kollegen spielten ihre Rollen und das Stück. Wie auf Verabredung war alles plötzlich anders. Die Pausen, die sie machten, waren plötzlich viel größer als vorher. Ihre Auftritte gewannen eine größere Bedeutung und klarere Schärfe, ihre Diktion war schneidender, schärfer, gefährlicher. Sie hoben das ganze Stück auf eine glatte blanke Ebene – und ich blieb, wie ich vorher gewesen war. Es entstand ein Mißverhältnis, natürlich zu meinen Ungunsten. Ich blieb auf der Strecke – unerfahren, blöd, töricht; die anderen trugen den Sieg davon. Ich war beschämt, kam mir verraten und verlassen vor. Fehling meldete sich zum Schluß nur ganz kurz, Gründgens kam herein und lächelte, und ich ging allein nach Hause. Ich wohnte damals im Grunewald. Mit letztem Mut stieg ich die Treppen zu meiner Wohnung hinauf; dann blieb ich auf der obersten Stufe vor der Tür sitzen. Ich hatte nicht mehr die Kraft, die Tür aufzuschließen und hineinzugehen.

Das war die Sache mit dem »Biberpelz«.

Danach trat etwas Stillstand und Pause ein. Eines Abends begleitete mich Franz Weber, der den Mitteldorf spielte, ein Stück bis zu meinem Auto. »Hör zu«, sagte er, »woraus ist das: ›Es ist ein schlüpfrig glatter Boden, auf dem Ihr steht, nehmt Euch in acht!‹ Woraus ist das?«

»Maria Stuart«, sagte ich, »und Paulet sagt es zu Mortimer.«

»Richtig«, sagte Franz Weber, »det is an allen Königshöfen jleich, und nu schlaf mal schön!«

Ist außerhalb des Theaters überhaupt wohl jemand imstande, das Desaster einer nicht erfolgreichen Premiere zu verstehen? Hinterher gibt es vielleicht Vorstellungen, die viel besser sind, in denen jeder das hat nachholen können, was bis zur ersten Vorstellung noch nicht in Ordnung, noch nicht ganz richtig war. Aber was besagt das? Die Premiere ist die Vorstellung, auf die es ankommt. Auf die alles sich konzentriert. In der jedes Ergebnis, das des Schauspielers, das des Bühnenbildners, das der Kostümbildnerin, und vor allem die Arbeit des Regisseurs zum erstenmal öffentlich bekannt wird. Es wird wirklich ein Vorhang fortgezogen von Dingen, die bisher der Öffentlichkeit verborgen waren. Ein Schleier wird fortgezogen von einem Geheimnis, das sich am Abend der Premiere zum erstenmal darbietet.

Und dann ein Mißerfolg. Man merkt es sofort. Nach der ersten Viertelstunde oder der ersten halben Stunde ist man fast sicher, wie der Abend ausgehen wird. Für geübte Ohren gibt es gewisse Anzeichen, die ganz deutlich erkennen lassen, welchen Weg das ganze Geschehen nimmt. Es gibt Vorstellungen, die nach der Pause noch einen ungeheuren Aufschwung nehmen können, die auf beiden Seiten – auf der Bühne und im Zuschauerraum – noch Faszination und Befriedigung erreichen können, aber trotzdem bleibt das Zwiespältige; anders ist es, wenn beim Aufgehen des Vorhangs und bei den ersten Worten, die gesprochen werden, die gewisse Stille eintritt, ein wenig Atemlosigkeit, sofortige Bereitschaft, sich hinzugeben, sich einfangen zu lassen und in den Kreis einzutreten, der entsteht. Dann ist alles gut, dann ist alles richtig. Nichts ist schöner als ein solcher Abend. Die vollkommene Einigkeit, die manchmal zustande kommt, ist so beglückend wie eine Speise, eine außerirdische Speise, von der man sich sättigen möchte und von der man nie genug bekommt.

Aber es gibt eben auch andere Abende; und die innere Bestürzung, die dann sofort eintritt, ist unsäglich. Von dem Augenblick an, in dem man weiß, es stimmt nicht, es ist verloren, es wird nichts – von diesem Augenblick an zittern die Knie, man fühlt sein eigenes Herz nicht mehr, man schwankt, man wankt, man hält sich mit der äußersten Kraft aufrecht, aber irgend etwas Fürchterliches schwebt über einem, ein Damoklesschwert, das sich immer tiefer herabläßt, haarscharf an einem vorbei, sich mit der Spitze in den Bühnenboden bohrt und sagt: Halt! Aus!

Wenn man dann nach Hause geht und ist zu Hause allein, die Wohnung ist leer, man öffnet die Fenster, man wäscht sich, klappt den Eisschrank auf, klappt ihn wieder zu, man holt ein Glas, man möchte etwas trinken und läßt alles wieder stehen, man sinkt irgendwohin und denkt, man kann nie wieder aufstehen. Die ganzen drei oder vier oder fünf Akte, die man gesprochen hat, laufen, wie von einem bösen Finger in Bewegung gesetzt, im Gehirn noch einmal ab, wie ein Band, das minutiös alles aufgezeichnet hat, und man kontrolliert, kontrolliert unentwegt: warum habe ich den Punkt übersehen, das Komma nicht gesprochen, die Pause nicht gemacht, warum war ich an der besonderen Stelle nicht klar und deutlich, warum habe ich das so blöd gesagt, so albern und verschroben? Falsch! – alles war falsch! Da liegt man nun und läßt das Martyrium des nicht wieder Gutzumachenden über sich ergehen und kann nichts dagegen tun, gar nichts.

Und was ist erst mit den Vorstellungen, zu denen man sich verpflichtet hat, die man spielen will, spielen muß und bei denen man von den ersten Tagen an weiß: das wird ja nichts, das kann nichts werden!

Wenn man imstande ist, gewisse Möglichkeiten des Theaters zu überschauen, überschaut man auch bald vom Anfang her schon das Ende. Und man geht immer weiter mit, man will nicht auffallen, nicht stören. Man kommt jeden Morgen auf die Probe und verläßt das Theater am Mittag mit dem klaren Bewußtsein: hinunter, bergab, es kann nicht gelingen.

Man versucht, Vorschläge zu machen, kleine Tricks fallen einem ein, Möglichkeiten, das Ganze ein wenig herumzudrehen, auf eine andere Ebene zu bringen, neue Positionen zu beziehen, aber wer versteht das, wer macht das mit?

Mit Jürgen Fehling – wie hatte das angefangen, wie hatte ich ihn kennengelernt?
Ich spielte im Deutschen Theater die »Lange Jule«, ein Stück von Carl Hauptmann, dem Bruder von Gerhart Hauptmann.
An einem Abend klopfte es in der Pause an der Tür, die Tür ging auf, und in der Tür stand unvergeßlich, gewaltig, unbeschreiblich, ein großer, breiter Mann in einem schwarzen Mantel mit einem großen, schwarzen, runden Hut auf dem Kopf, lächelte mich an und sagte: »Mein Kind, ich heiße Fehling, und dies hast du wunderbar gespielt.«
Was hatte ich für Vorstellungen von Fehling gesehen? Als erstes »Richard III.« von Shakespeare, mit Werner Krauß, der den Richard als kleinen, buckligen, hinkenden Zwerg spielte, mit einem Schwert, das viel größer war als er selbst. Diese Vorstellung war so ungeheuer, daß ich mich in der Pause auf einer Bank, die im Foyer stand, hinlegen mußte, weil ich Angst hatte, ich werde krank oder ich sterbe oder irgend etwas Außergewöhnliches geschieht. Mir tat alles weh, meine Arme, meine Beine, meine Haut. Es war, als

rollte eine riesige Lawine auf mich zu; sie macht einige Minuten halt, eine böse, gefährliche Stille entsteht, man wagt nicht zu atmen, und dann setzt sich der Koloß von neuem in Bewegung.

Käthe Dorsch spielte die Margarethe, die von Richard geliebt wird. Der Sarg ihres ermordeten Mannes wird vor ihr hergetragen. Sie ist ganz in Schwarz gekleidet, neben und hinter ihr folgen zwölf Hofdamen, auch alle in Schwarz. Die Seide ihrer Kleider, ihrer Gewänder macht ein so verwirrendes Geräusch, daß man noch Stunden später plötzlich dachte: was raschelt da? – was rauscht so? – was ist das? Und wie Richard dann auf sie zutritt, auf die Frau, die er lieben will, ganz leise – und ruhig – mit zwei Fingern den Ausschnitt des Kleides an ihrem Hals vergrößert, etwas weiße Haut kommt zum Vorschein, und darauf drückt er seinen Mund. Und Margarethe steht still und schaut ihn nicht an, und nachdem er sie berührt hat, geht der Trauerzug weiter.

Und Aribert Wäscher, der den Mörder des im Gefängnis auf dem Fußboden angeketteten Prinzen spielt. Die Bühne war durch maschenartige Gitter in verschiedene Räume aufgeteilt. Ganz von fern erscheint Wäscher, der Mörder. Er geht ganz langsam durch diese verschiedenen Aufenthalte hindurch. Man sieht ihn immer näher kommen. Man sieht den kleinen Prinzen vorn in seiner Ecke, dann erreicht Wäscher die letzte

Tür, tritt ein, sieht einen Moment freundlich, wohlwollend, bieder auf den Prinzen, zieht seine Jacke aus, legt sie sorgfältig auf einem Stuhl zusammen, zieht sein langes Messer heraus, geht, immer noch lächelnd, auf den Prinzen zu, ersticht ihn, steckt sein Messer ein, nimmt seine Jacke und geht wieder, wie er gekommen ist.
Von dieser Vorstellung sprach die Stadt Berlin. Die gefährlichen Bezüge der Zeit wurden so ahnungsvoll und drohend sichtbar, wie noch niemals vorher. Das konnte Fehling.

Von dem Abend an, als er bei mir in der Garderobe gewesen war, sahen wir uns öfter. Ich betete ihn an wie noch keinen anderen Menschen vorher. Seine Gedanken liefen schnell, so erregend und über alles Maß anders, als ich je vorher gehört oder im Gespräch erfahren hatte; und dabei war alles geführt von einer unendlichen Güte und von so viel Zärtlichkeit für seine Schauspieler. Wie liebte er seine Schauspieler! Stundenlang nach den Proben telefonierte er mit ihnen. Einzelheiten wurden besprochen, Möglichkeiten, dies und das noch schöner, noch besser auszudrücken. »Mein Kindchen, weißt du jetzt alles?«
»Ja, jetzt weiß ich Bescheid.«
»Und spiel es recht schön, weich, con sordino, tu's für mich.«
»Ja, ich tu es für dich.«

»Und weißt du, wenn du hereinkommst, ist das nun gut, wenn du durch die Tür kommst – oder solltest du nicht lieber gleich vorne kommen, einfach dastehen?«

Am Telefon entstand eine Pause, wir überlegten beide, dann kam wieder seine warme, ruhige Stimme: »Nein, laß es so, ich glaube, es ist doch gut.«

Er riß jeden Schauspieler in eine ständige und ungeheuerliche Umarmung und entließ ihn aus dieser Steigerung erst, wenn die Premiere vorbei war. Aber bis dahin war alles so festgelegt, so gründlich durchgedacht und durchgesprochen und durchgefühlt, daß alle seine Vorstellungen noch nach Wochen oder Monaten genau die gleiche Güte und die gleiche Kraft hatten wie am Anfang.

Wir gingen oft zusammen spazieren, meist abends oder noch nach den Vorstellungen. Er liebte die Nacht. Wenn die Menschen von den Straßen fort waren, dann spazierte er in Berlin umher, nachts in Berlin, mit neuen Plänen und neuen Gedanken, die ihn bis in den tiefsten Schlaf verfolgten.

In einer solchen Nacht gingen wir um den Tiergarten herum, und er sprach die ganzen »Räuber« von Schiller vor sich hin. Er sang die Lieder, die die Räuber sangen. Er sprach von der Donauebene – da müssen sie sich hinlagern, dann kommt

der, den sie vom Galgen geschnitten haben, dann kommt Karl, dann brechen sie auf.
Was für Nächte!

Ein Telegramm von Fehling, als er in Berlin nach dem Krieg so gern ein eigenes Theater gehabt hätte.
Es gelang ihm nicht ... Es gelang nicht.

Dringend
Elisabeth Flickenschildt
Städtische Bühnen Düsseldorf
Bitte evtl. nachsenden Staatstheater Stuttgart

Was bedeutet Deine Vernebelung mir gegenüber Fragezeichen – Warum bleibe ich nach unserem drahtlichen Kontrakt über ausschließliche Bindung Deiner Kunst an meine Person und Planung ab ersten Mai gänzlich ohne Nachricht was mir in letzten schlimmen Wochen qualifiziert schmerzlich und unverständlich war Fragezeichen – Engpaß de facto von mir glänzend überwunden muß aber näheres mündlichem oder fernmündlichem aufsparen – Bestehe unbedingt auf unserer Vereinbarung gemeinsamer Arbeit ab spätestens ersten Mai – Drahte mir umgehend falls mir höchst willkommen früheres Eintreffen in Berlin – Danach Hamburg danach Zürich möglich

wo Du überall in noch unbestimmter Reihenfolge wunderbare Hauptrolle in Jahnns grandiosem Armut Reichtum Uraufführung spielen wirst – Zu Deinem und Jahnns höchstem Glück Stop Drahtlich bestätiget mir dies alles und nennet Termin frühesten Eintreffens – Gruß vorfreudig – Jürgen Fehling
Telefon 84 57 04 am besten nachts oder vor acht Uhr morgens

Ein Brief zur Zeit einer sehr schönen Inszenierung in München, »Doña Rosita« von Lorca. Joana Gorvin spielte die Rosita. Eine wunderbare Inszenierung von Fehling mit Alice Verden, Bernhard Wicki und vielen anderen. An manchen Abenden gelang uns eine solche Intensität und Realität auf der Bühne – Realität ist vielleicht nicht das richtige Wort, ich meine: Übereinstimmung mit den Rollen –, daß wir voll Trauer waren, wenn die Vorstellung vorbei war.

An die Schauspielerin
Frau Elisabeth Flickenschildt
Vier Jahreszeiten
bitte *sofort* aufs Zimmer geben.

Meine liebe Flicki!
Ich bin nicht gut geeignet, auch in Gefühlsdingen zu formulieren. In wichtigen, sozusagen lebens-

wichtigen Begriffen können solche Äußerungen nur Dichter gut.

Zu sagen, was ich leide, ist auch leichter, als zu sagen, was ich leiden mag.

Meine Gefühlsäußerungen vollziehen sich nicht in Worten – in diesen schieß ich oft (aus Überdruß vielleicht) vorbei. Sie vollziehen sich in der einzigen That, die ich seit 30 Jahren mit »eifrigem Bemühen« geübt und maskulin controllierbar zu thun mich bemüht habe. Sie wird Regie genannt, diese That. (Ich muß das Wort mit T-h schreiben, weil sie mir ohne Hauch nicht möglich.) Was ich je in der Kunst »gethan« habe, geschah mit Dingen, die mit Liebe gefüllt waren. Nirgends wird man so leicht zum Schuldigen, als in der Liebe. Denn sehr besser ist es für die Menschen, einander zu begreifen, da wo der Griff heftiger, früher und unerbittlicher geschieht als aller Begriff –

Ich begriff es oft nicht, warum ich griff oder gegriffen hatte. Meist definieren sich uns solche Dinge erst in einem Gefühlsstadium und -moment, wo längst alles entschieden ist.

Erlaube mir, süße Frau, Dir mit ganz wenigen Zeilen, die aber Empfindungen vieler Jahre benamsen, mitzuteilen, warum ich heiß wünsche, Du mögest den – gewiß nicht mehr zu langen – Rest meines Lebens in meiner Nähe verbringen.

Ich kann nur Theater spielen, solange mir Geschöpfe zur Verfügung sind, die fähig und gewillt sind, meinen Hymnus auf die Schöpfung (deren Spitze der Mensch ist, war und bleiben wird) zu instrumentieren. Theaterspiel ist mir Incarnation des Traumes, den Gott von uns träumte, als er uns Menschlein schuf. Immer wenn ein rechter Mensch durch sein *Dasein* beweist, daß kein Stäubchen verlorengeht, das je in Gottes Licht, im Strahl seiner Liebe und Kraft (einst war das immer dasselbe! – immer wenn wir lebendig sind, ist's auch bei uns noch dasselbe!) auf und ab spielte, immer wenn wir uns selbst auf uns besinnen – in Gedanken geht das viel schlechter als in den Sinnen –, immer wenn wir merken, daß die Zeit nur die Keuschheit der Offenbarung ist (Einstein ist anderer Meinung – ich weiß), immer wenn wir rot werden (rot und frisch), weil wir spüren, daß Gott in uns wohnt, immer wenn wir – Du, Flicki, und ich und Joana und noch ein paar, die wir möglicherweise gar nicht kennen, die uns durch ihr gleichzeitiges Lebendigsein aber die uns oft unerklärliche Courage zur Wahrhaftigkeit geben – immer wenn wir uns begegnen, uns selber – »in einem dunklen Wort« –, ist der Moment, der die Ewigkeit ausmacht.

Bühne ist keine Ewigkeit, aber Theaterspielen ist Geilheit auf Ursprung, auf immer neuen Ursprung.

Theaterspielen soll das urspringlebendigste Leben sein (sonst ist es albern).
Liebe Flicki! Du bist – wie jede wahrhafte Frau – als eine Rose entsprungen. Deine Dornen schrekken mich nicht (wenn sie auch, ich leugne es nicht, mir zumal nach dem Kriegsende – manchmal sehr weh thaten).
Liebe Flicki! Dufte mir, damit ich merke, woher ich stamme. Heimat. Wenn Du spielst, lecke ich mir die Lippen und schmecke das Salz der Schöpfung.
Dies ist keine Romanerzählung.
Ich wünsche zärtlich, Du bist froh und erquickt heut' morgen aufgewacht.

Dein alter
Jürgen

München, 8. Juni 1951

Auch seine letzte Inszenierung – »Maria Stuart« – machte ich mit ihm, in Berlin.
Das war 1953.
»Spiel du die Elisabeth«, sagte er, »dann habe ich euch beide bei mir. Komm nach Berlin!«
Ich war damals mit Gründgens nach Düsseldorf gegangen. Um diesen Urlaub für »Maria Stuart« kämpfte ich wochenlang.
Zwischen Gründgens und Fehling waren Unstimmigkeiten entstanden, nein, Feindschaften.

Die Zeit ihrer gemeinsamen Arbeiten in Berlin war zu Ende gegangen. Alles, was sie früher zusammengehalten hatte, unter der Gefahr des Krieges, unter der Angst der persönlichen Bedrohung, was Gründgens immer wieder ordnen und regulieren konnte, und was Gründgens verstanden hatte, nämlich die verschiedensten, großartigen, gefährlichen Naturen unter dem Dach des Gendarmenmarkts zusammenzuhalten – all dies fiel später fort. Jeder ging seine eigenen Wege, und damit hörte die Kraft und die Ausstrahlung der großen Inszenierungen auf. Die Zeit des Preußischen Staatstheaters war vorbei.

Ab und zu versuchte ich Gründgens an diesen Urlaub zu erinnern. Ich versuchte es auf jegliche Art und Weise, diesen Urlaub zu bekommen, mal im Scherz, dann wieder ernsthaft.

»Gustaf, nun laß mich doch nach Berlin gehen, laß mich das doch noch einmal spielen mit Fehling!«

Ich erreichte nichts. Es kamen nur Absagen, bis ich plötzlich dachte, jetzt ist es genug, jetzt ist genug gewartet.

Ich bat Gründgens um eine Unterredung, bei der er mir den Urlaub wieder verweigerte. Wir trennten uns in Verzweiflung. Am nächsten Tag kam ein Brief von ihm:

Düsseldorf, den 14. Mai 1952

Liebe Flicki!

Natürlich weiß ich, daß dieser Brief besser mit der Hand geschrieben würde, aber so, wie es mir jetzt geht, und mit »Heinrich« heute abend vor mir, muß ich einen Punkt unter unser Gespräch heute morgen machen.

Ich habe mich unsagbar erschrocken. Ich bin in die Stadt gekommen, weil ich fürchte, mit meiner Anregung wegen »Medea« Unheil angerichtet zu haben. Auf diese Unterhaltung war ich nicht im entferntesten gefaßt, und wenn ich etwas zu spontan reagiert haben sollte, sieh es mir nach, der ich müde und nicht in bester Verfassung bin. Ich weiß jetzt ganz genau, wie meine Antwort auf Deine Frage lauten muß: Ja.

Tu, was Du tun mußt. Und es wird leichter für mich sein, Dich aufzurichten, wenn Du aus dieser unsinnigen Schlacht zurückkommst, als Deine Gewissensbisse zu ertragen und zu spüren – und letzten Endes dann auch in mir selbst ein Gefühl von möglicher Schuld nicht unterdrücken zu können.

Ich weiß, daß Worte wie Selbstachtung wenig Festigkeit haben in Deinem Leben und auch in meinem Leben. Aber im Augenblick gehört mein Leben nicht mir allein, denn sonst wäre ich nicht hier. Und wie soll ich Achtung von anderen er-

warten, wenn ich sie vor mir selbst nicht aufbringe. Aber irgend etwas in mir will den Umgang mit meinen Mördern nicht mehr, und damit tu' ich ihnen ja gar nichts. Sie werden weiter ihre Attentate auf mich ausüben, und wenn man ihnen wieder zu Kräften verhilft, werden sie dann vielleicht kurz vor Toresschluß mich doch noch treffen. Mir ist es gleichgültig, und mein Wunsch, nichts damit zu tun zu haben, ist ein stiller, passiver, unaktiver, der sie nicht schädigt.
Praktisch ist im Augenblick meine Spielzeit zerstört, die mit »Rose Tattoo«, der Kunigunde und der Ftatateeta meine ersten Monate ausgefüllt hätte. Aber es ist gut so. Ich habe durch das telegrafische Freigeben von »Rose Tattoo« einen Strich darunter gemacht.
Was wir beide miteinander zu tun haben, hat nichts mit unserem Beruf zu tun und schon gar nichts mit Düsseldorf. Und wir wollen für das nächste Jahr keine Pläne machen, denn wir wissen beide, daß es nur eines Wortes bedarf im richtigen Augenblick, und die Pläne sind Tatsachen geworden.
Ich will Dich also vorläufig nicht haben, damit das quälende Hin und Her in Deinem Herzen zur Ruhe kommt. Ich sage noch einmal: Du mußt tun, was Du tun mußt. Ich werde, wenn Dein Blick auf mich fällt, kaum woanders stehen, als ich in den Jahren, in denen unsere Bekanntschaft

zu meiner tiefsten Freundschaft wurde, gestanden habe.

Sehr herzlich Gustaf

Ich schickte Fehling ein Telegramm, daß ich zu den Proben käme, und fuhr dann von Düsseldorf ab.

Aber schon in den ersten Tagen merkte ich, daß sich etwas verändert hatte. Wir kamen nicht voran. Fehling blieb an einzelnen Sätzen hängen, mochte das Stück plötzlich nicht mehr, fand es töricht, fand es überholt, lachte darüber und versuchte dann wieder, sich in seine Arbeit zu vertiefen.

Er hatte sich auch äußerlich verändert. Das Außergewöhnliche, das Gewaltige, das ihn immer umgeben hatte, machte einem anderen Eindruck Platz: einer zarten, gefährlichen Müdigkeit. Er trug auf den Proben immer einen weißen Kittel, wie ihn die Ärzte tragen, und wenn er morgens kam, sah er manchmal aus wie ein Professor, der die Klinik seiner Patienten inspiziert. Aber bald wandelte sich auch das, und er selber erschien wie ein Patient, der, den Kopf gesenkt, im Gang eines riesigen Krankenhauses steht und auf eine Nachricht oder auf ein Urteil wartet. Sein Blick behielt die unendliche Güte, aber jetzt schienen sich noch andere Dinge darüber zu legen. Die Veränderungen, denen das ganze Leben seit dem

Krieg und nach dem Krieg unterworfen war, bedrückten und verwirrten ihn. Es war zuviel. Joana Gorvin spielte die Maria. Joana tat alles auf diesen Proben, um zu helfen und voranzukommen. Sie wollte ihm eine Freude machen und trug auf den Proben schon ein gleiches Kleid, wie sie es später haben sollte. Ein dunkles Taftkleid, tief ausgeschnitten, die Haare weit offen, weit herunterfallend. Sie sah sehr schön aus. Als wir zu der Szene kamen, in der sie aus dem Gefängnis herauskommt, überlegte sie mit ihm mehrere Male, wie das am besten zu machen sei. Im Gefängnishof sollte ein großer, alter Baum stehen. Ich weiß nicht, wie oft wir das probiert hatten. Sie ging auf den Baum zu, dann sollte sie zu sprechen beginnen. Sollte sie schnell herauskommen, beglückt, daß sich das Gefängnis geöffnet hatte, oder sollte sie zögernden Schrittes kommen, noch ängstlich, noch unter dem Druck der vergangenen Qualen?

Fehling, in seinem weißen Kittel, stand vor ihr.

»Jürgen«, sagte sie, »wie soll ich das machen?«

Es entstand eine große Pause, dann sah er sie an, ganz langsam – und dann sagte er: »Ich glaube, ich weiß es auch nicht!«

Dann kamen wieder Tage und Wochen, in denen es voranging, in denen alles besser ging – wir atmeten auf; und dann kam die Premiere. Als die Vorstellungen vorbei waren und ich nach Düsseldorf zurückflog, rief Gustaf mich sofort an. »Ich weiß alles, ich habe alles gehört. Du hast eine scheußliche Perücke auf dem Kopf gehabt, Du hast ein scheußliches, gelbes Samtkleid gehabt und hast in der Szene mit der Maria in Fotheringhay zwanzig Minuten mit dem Rücken zu den Zuschauern gestanden!« Ich überlegte einen Augenblick. Es war wahr. Er hatte recht. Ich war auch nicht sehr glücklich gewesen. Aber ich hatte mich nicht gewehrt.

»Wie Du nur redest«, sagte ich, »und lach nicht: ich glaube, es war seine letzte Inszenierung. Bedenke, was das heißt!« Ich hörte nur noch ein leises, unverständliches Gemurmel, einen Seufzer, und der Hörer wurde aufgelegt.

5

In Berlin las ich immer die »Münchner Neuesten Nachrichten« – in der Erinnerung an München. Es waren Geschichten darin von Gegenden, die ich gekannt hatte. Das Oberland, die Seengebiete, das ganze Land bis Tirol und Österreich. Aber am wichtigsten war der Immobilienmarkt. Den versäumte ich nie. Ein Genuß, Spaß.

Ein Haus am Chiemsee, ein Haus am Starnbergersee, ein kleines Schloß am Ammersee, zehntausend Quadratmeter Aprikosengarten, ein Fischwasser, ein Holzhaus in 1800 Metern Höhe, ein Bauernhaus zwischen Mittenwald und Garmisch. Da stockte ich immer und ließ das Lesen sein und überlegte. Was wollte ich denn in 1800 Metern Höhe? Was wollte ich in einem Haus, von dem zu lesen stand: neun Stück Vieh, drei Pferde, ein Ackerwagen zu verkaufen?

Aber bald darauf fing ich an, nach München zu fahren und von München weiter, in die kleinen Städte und Dörfer, in deren Nähe ich etwas zu finden hoffte. Einmal war meine Mutter dabei. Wir fuhren von München nach Traunstein und von Traunstein weiter in die Berge. Von Krieg und von Verdunkelung war hier nichts zu merken. Es war alles wie in früheren Jahren. Wir fanden ein Auto, das uns einen Berg hinaufbrachte. Die Luft war mild – Frühling –, die Wiesen noch grün-braun, die Bäume noch ohne Blätter. Wir kamen zu einem großen Haus mit einem österreichischen Dach, und zweimal ging um das Haus ein Holzbalkon. Vor dem Haus standen zwei alte große Nußbäume, aber alles sah eigentlich recht traurig, recht unansehnlich aus.

Meine Mutter schüttelte den Kopf. Nein, nicht hier, nein, dieses nicht, nicht hier, komm wieder mit! Aber ich ging in das Haus hinein, die Tür stand offen, und von dem Gang aus, der sehr dunkel war, klopfte ich an eine Tür, eine blaugestrichene Tür. Auf mein Klopfen hörte ich keine Antwort, und als ich die Tür öffnete, war ich unendlich erstaunt, das ganze Zimmer voller Menschen zu finden, die mich alle neugierig anstarrten. Es schien ein Fest gewesen zu sein, es waren Kinder dabei in hellgrünen, hellrosa und dunkelroten Kleidern. Einige trugen auch eine Tracht mit großen schwarzen Hüten auf dem Kopf, an denen eine goldene Schleife herunterhing, und zwei ältere Männer waren in schwarzen Anzügen. Als immer noch niemand etwas sagte, lächelte ich: »Sie haben ihr Haus hier zum

Verkauf ausgeschrieben, darf ich es mir einmal ansehen?« Auf diese Worte hin entfernten sich fast alle Menschen, die in der Stube waren. Sie verschwanden durch die Tür, ganz leise und hastig; damit wollten sie anscheinend nichts zu tun haben. Ich blieb mit einer älteren Frau zurück, die mich durch eine große Brille mit doppelten Gläsern begierig ansah. Gehen Sie nur, gehen Sie nur, schauen Sie sich alles an! Ich ging die Treppe hinauf, die Zimmer waren alle ganz weiß gekalkt, mit schönen alten Fenstern, durch die man die Berge sehen konnte, aber es waren nur wenig Möbel da, alles ganz bescheiden, ein Bett, ein kleiner Tisch daneben, ein schwarzes Kleid, das über einem Stuhl lag; dann ging ich noch auf den Boden. Es war alles so still, so merkwürdig.

Ich blieb einen Augenblick stehen und überlegte; dann ging ich wieder hinunter, durch den dunklen Gang hindurch, und kam in einen Anbau, der wahrscheinlich der Stall war. Mehrere Säulen aus Granit standen darin, die eine sonderbare, fast silberweiße Farbe hatten. Diese Säulen trugen ein altes Gewölbe, und durch die sehr kleinen Fenster sah man in einen Garten, der etwas verwildert schien. An der Wand neben der Tür, die in den Garten führte, bemerkte ich plötzlich eine Frau mit grauen Haaren in einem dunkelblauen Kleid, die ihr Gesicht mit den Händen zugedeckt

hatte und weinte. Ich ging ganz leise wieder zurück. Warum weinte sie? Vorn in der Küche traf ich wieder die Frau mit der Brille. »Na«, sagte sie, »na, gefällt es Ihnen?« Ja – ich zuckte mit den Schultern; ich wußte es noch nicht so recht. »Gehen Sie doch einmal nach hinten heraus, da haben Sie eine schöne Aussicht.«
»Ja«, sagte ich, »das will ich tun.« Ich ging durch den Garten, an einem Obstanger vorbei, in dem viele alte Birnbäume und Pflaumenbäume und Apfelbäume standen, die auf eine merkwürdige Art zueinander gewachsen waren und sich mit den Ästen weit voneinander entfernten, wodurch ein sonderbares Bild entstand. Dann kam ich weiter nach hinten, wo ein Gebüsch von schon blühenden wilden Kirschbäumen stand. Und da war die Aussicht. So etwas hatte ich noch nie gesehen. Ein großes weites breites Tal mit Häusern und Kirchen, zu einer Seite ganz eingerahmt von den Bergen, die bis an den Horizont verliefen, und Wälder, unendliche Wälder und Seen und Vögel, die in langsamen Flug darüber hinwegflogen und leise kleine Schreie ausstießen. Ich ging zu der Frau in das Haus zurück. »Ja«, sagte ich, »wenn es Ihnen recht ist, nehme ich das Haus.«
Die Frau machte plötzlich ein so überglückliches Gesicht, daß ich fragte: »Warum wollen sie hier fort?«

»Ach, Sie müssen nicht denken, daß irgend etwas ist – es ist nur, ich bin alt und möchte in die Stadt.«

»Gut«, sagte ich, »in acht Tagen komme ich wieder, und dann machen wir alles in Ordnung.«

Meine Mutter hatte die ganze Zeit im Auto gewartet, sie war gar nicht ausgestiegen. »Das nimmst Du doch wohl nicht?« sagte sie. »Da nebenan ist noch eine Kapelle, da ist eine angezogene Puppe drin, in einem Brokatkleid. Sieh Dir das doch einmal an!«

Ich ging und stand der Puppe gegenüber. Sie war groß, fast so groß wie ein Kind. Ihre dunkelblauen Augen aus Glas sahen mich an, ihr Gesicht war weiß mit stark gemalten Backen, fast wie zwei rote Kreise. In der Kapelle war es ganz still; auch draußen war alles ganz still; ich sah die Puppe an – und sie sah mich an. »Weißt du«, sagte ich zu meiner Mutter, »weißt du, wer das ist? Das ist die, von der es heißt: geistige Rose. Und: noch vor dem Morgenstern war ich.«

In diesem Haus wohnte ich vierzehn Jahre.

Zuerst standen nur zwei Kühe da, von einem Bauern gekauft und gebracht. Kühe, was für merkwürdige Tiere. Meine Familie stand um sie herum. Die großen Hörner, das merkwürdig lange Gesicht, die großen Augen. Ja, die Augen waren schön. Schöne Augen. Die langen Wim-

pern, der große Leib und der dicke Bauch; merkwürdige Tiere.
Dann mußte ich fort. Nach einigen Monaten kam ich wieder. Nun waren schon zwei Kälber dabei, und allmählich wurden es immer mehr.
Warum habe ich überhaupt Kühe? Niemand begreift es. Eine Schauspielerin und Kühe. Warum?
Ich hätte folgendes sagen können, ich könnte folgendes sagen: Ich habe ein gutes Gehirn, das kann nichts vergessen und ist unersättlich in der Gier und Lust, sich dann und wann zu erinnern und zu wiederholen, und es möchte noch einmal die gleichen Speisen vorgesetzt bekommen, mit denen es sich früher schon genährt und wohl gefühlt hat. Und ich gehorche diesen Befehlen und bereite alles, was notwendig ist.
Oder ich könnte sagen: Ich mag es. Mir gefällt das.

Das erste Haus verließ ich wieder, weil es an der Straße lag; je länger der Krieg vorbei war, um so mehr Autos kamen und Omnibusse und Menschen, sonntags und alltags. Vorher war es nur ein einfacher Wallfahrtsort gewesen, jetzt ging alles in rasender Geschwindigkeit oben auf den Berg hinauf, in die Kirche, ins Gasthaus – nichts mehr zum Wohnen.
Ich baute dann einige hundert Meter entfernt mit den Handwerkern des Dorfes ein Haus, das

sehr gut gelang, aber nach sieben Jahren fand wieder eine Veränderung statt, weil öfter abends ein alter Bauer zu Besuch kam. Ich kannte ihn gut. Er wohnte im gleichen Ort, auf der anderen Seite der Straße, man konnte das Dach seines Hauses von mir aus sehen.

Es war ein alter Mann von unendlicher Zähigkeit und Energie, herrschsüchtig, von großer Härte gegen sich selbst und gegen andere. Aber sein Heu war berühmt. Er mähte alles mit der Sense, dann wurde es abends mit dem Rechen zusammengeholt und in kleine Häufchen gebracht, damit der Tau den Duft und den Wert des Heues nicht verminderte. Diese kleinen Häufchen lagen so genau und so exakt auf der Wiese – niemandem gelang es, ein gleich schönes Maß und Muster hervorzubringen. Er saß mit mir auf der Bank und erzählte Geschichten. Ich hörte diese Geschichten gern, aber was wollte er von mir?

Er wollte mir sein Haus verkaufen, seinen ganzen Bauernhof. Er war alt und müde, er konnte nicht mehr, er hatte keine Kraft mehr. Es vergingen Monate unter Gesprächen und Zögern, es wurde ihm schwer, alles zu verkaufen, alles wegzugeben, alles was sein war – ein Leben lang. Aber dann saß ich mit ihm und seiner Frau beim Notar und unterschrieb den Kaufvertrag.

Doch schon zwei Tage später erschrak ich zutiefst. Ich kam zufällig und schnell, nur im

Vorübergehen, in die große Heutenne, die den Stall vom Haus trennte und in der viele alte Schränke standen, alte Kisten voll Futter, Kommoden, vollgestopft mit Kleidern, alten Jacken, Bändern, Stricken und Werkzeug. In diesem Raum herrschte fast nur ein Halbdunkel, eingehüllt von den Gerüchen von Heu und Stall und Getreide, so merkwürdig beleuchtet durch die Sonnenstrahlen, die durch die Ritzen und Öffnungen im Holz durch die Dachziegel hereinfielen. Da standen die beiden alten Menschen zusammen, er und seine Frau, und auf dem Tisch neben ihnen lag ein Netz, und in dem Netz waren acht junge Tauben gefangen. Wunderschöne Tiere mit bunten zarten Federn in den süßesten Farben; die kleinen Köpfe hatten sie durch die Maschen des Netzes hinausgestreckt, ihre Augen waren rot und schillerten vor Erregung, sie stießen merkwürdige Töne aus, wie gewöhnlich die Tauben gurren, aber von Todesangst erfüllt. Ihre Flügel flatterten, sie konnten sich nicht befreien. Ich schaute die beiden alten Leute an. Was würden sie nun tun? Sicher würden sie das alles zum Abendbrot aufessen, es fressen, gebraten, gekocht. Mich überkam Verzweiflung, und ich überlegte, was ich tun könnte. Ich wollte schreien, aber – verdammt, sagte ich mir, verdammt, bleibe doch ruhig. So schnell wie möglich ging ich hinaus. Wäre ich doch nie dorthingekommen! Könnte doch nur alles rückgängig gemacht werden, damit alles war wie früher, wie vorher. Es ging nicht.

Ich war sieben Jahre dort, aber es brachte kein Glück. Ich bemühte mich, den Anfang zu vergessen. Immer wieder versuchte ich, das Bild der flatternden Tiere vor meinen Augen verschwinden zu lassen; ich hielt mir die Ohren zu, um diese kleinen zärtlichen Laute nicht mehr zu hören, dieses kleine Gegurre voll Verzweiflung. Es ging dann auch, und zuerst gelang alles.

Im Garten blühte es, die Rosen wuchsen an, die Aprikosenbäume vor der Mauer waren voller Früchte, die Pferde tobten herum, im Haus wurde alles fertig, aber es blieb immer etwas Merkwürdiges, eine Unruhe, ein Sich-nie-ganz-glücklich-fühlen-Können, Nie-ganz-zufrieden Sein, immer irgendwo ein Funke von Angst, es wird etwas passieren.

Es kam dann auch. Ein junges Tier war in Salzburg dazugekauft worden und brachte nach einigen Wochen zu früh ein totes Kalb zur Welt. Jeder wußte sofort, was das war, aber niemand sagte etwas. Schweigen, Stille. Das gibt es – das braucht gar nichts zu bedeuten! Aber dann kam der Tierarzt. Man merkte es an der Milch. Ein Bazillus, ein eingeschleppter Bazillus. In Österreich sind die Bestimmungen nicht so streng wie bei uns. Er hatte auch schon auf die anderen

Tiere übergegriffen und sich in der Blutbahn der Tiere festgesetzt; er bringt jede Frucht zum Absterben. Die Tiere wurden nach München gebracht; alle mußten getötet werden, auch die gesunden. Alle.

Kein Wort mehr darüber. Nichts mehr darüber sagen. Nichts. Die Menschen in den Städten, können sie das überhaupt verstehen? Sie essen, sie trinken, sie lieben, sie machen Geschäfte und schlafen, und alles, was sonst auf dieser Welt passiert, geschieht heimlich, nachts oder im Morgengrauen, wenn sonst niemand da ist, der es erzählen könnte, oder wenn die neugierigen Augen noch von lieblicheren Träumen zugedeckt sind und nichts merken und nichts verraten können. Ich war früher genauso. Jetzt nicht mehr.

Was wollte ich nun tun? In dem Haus bleiben, das konnte ich nicht. Wo sollte ich hingehen, nach Portugal, in den Libanon, an die spanische Küste, ins Tessin? Danke, nein. Das kenne ich alles. Das ist alles dasselbe. Und die Langeweile breitet sich aus wie eine Krankheit. Für mich gab es immer nur eines. Ich mußte wieder etwas finden, etwas, das zu mir paßte. Und ich fand es auch. Wie ein Jäger war ich auf der Spur. Ich fand es sofort.

Das erste Mal sah ich das Haus im Winter. Schnee lag überall. Die Sonne schien, glitzernder Schnee, vom Winde bewegt schwankten die

Zweige der Bäume hin und her. Etwas feiner Schnee stäubte in die blaue Luft, der See war silberhell, die Berge hellblau, vor dem blauen Himmel. Als ich eintrat, saßen mir zwei Männer und eine Frau gegenüber. Die Familie hatte über dreihundert Jahre in diesem Hause gewohnt. Jetzt waren keine Kinder mehr da. Keine Ehe, keine Frauen – nur diese zwei Männer und die Haushälterin. Ich durfte das Haus ansehen. Der Stall stand leer, mit einer merkwürdigen schwarzgrauen Farbe gestrichen. Die Zimmer im Hause waren auch fast leer. Eines war abgeschlossen, das Schlafzimmer. Noch eines abgeschlossen. Noch ein Zimmer. Auf dem Fußboden lagen alte rote Äpfel. Noch ein großer Raum, fast ein Saal, noch ein Zimmer.

Als ich zurückkam sahen die Männer mich an. Ein Augenblick der vollkommensten Stille trat ein. Ich wurde nicht gefragt. Ein Glas Wein wurde mir angeboten. Ich trank den Wein. Wir sprachen über das Wetter, dann ging ich wieder. Eine Woche später hatte ich dies neue Haus.

Zuerst wurden die Tiere herübergebracht. Die Handwerker waren mit dem Stall fertig, alles war schneeweiß, die Säulen hellblau, das Haus rosa, die Fensterläden weiß.

Wir standen alle früh auf, um fünf Uhr – es gab so viel zu tun. Schönes trockenes Wetter. Die Sonne himbeerfarben im grünen Himmel.

Die Pferde wurden auf die Alm gebracht, ihr Stall sollte aus Holz gebaut werden, das ging nicht so schnell. Zwei Nächte später wache ich auf, die Pferde stehen unter den Obstbäumen.
Tagelanges Erstaunen und Verwunderung. Wie waren sie von dem Berg herunter, wie waren sie über die Autobahn gekommen? Einfach so herübergelaufen, oder hatten sie eine Brücke gefunden?
Wahrscheinlich wollten sie lieber bei uns bleiben, also blieben sie.
Wir hatten zwei junge Kühe, die konnten singen. Wenn sie auf der Wiese in der Sonne lagen und sich wohl fühlten, dann schlossen sie die Augen, bewegten den Kopf hin und her und sangen leise vor sich hin.

Bei einem Besuch wollte Gründgens zuerst den Stall mit den Pferden und Kühen sehen.
»Ja«, sagte ich, »dann machst du die Tür auf, gehst hinein, machst eine kleine Verbeugung und sagst: Glück im Stall. Und Rosa macht dann auch eine Verbeugung und sagt: Ich danke schön.«
Als wir uns diese Szene vorstellten, mußten wir beide unendlich lachen.
»Warum soll ich das machen?«
»Das ist Sitte – man darf es nicht versäumen. Glück ist das Wichtigste.«
Aber es ging nicht, vor Lachen ging es nicht.

Erst abends, als alle andern schliefen.

Nachts sind die Tiere ganz anders als am Tage. Tiere. Die Kühe liegen, die Beine weit von sich gestreckt, mit dem Kopf auf dem Stroh. Unter dem Fell bewegen sich die Nerven unentwegt, die Ohren sind in Bewegung, man merkt, wie sich die Augen unter dem Lid bewegen, der Atem kommt ganz mühsam, wie unter schwerem Druck, wie ein ununterbrochenes Seufzen. Wenn man Licht anmachen muß, erwachen sie schwer; es dauert lange, bis sie wissen, wo sie sind und wer vor ihnen steht. Zurück aus dem Traum und der Angst.
Pferde erwachen viel schneller.

Anna Perl war die erste, die kam, um bei mir zu arbeiten und zu helfen. Sie kam zu Fuß den Berg herauf. Ihr Vater ging neben ihr, er brachte sie in ihre neue Stellung. Es war warm und beide schwitzten sehr. Unter Annas Kopftuch rannen lauter kleine Bäche über ihr rotes Gesicht. Sie trug eine Tasche und einen aus Weiden geflochtenen Koffer. Ihr Vater hatte nur den Hut in der Hand. Ein großer Mann mit einer großen Nase und einem großen grauen Schnurrbart. Anna schien in anderen Umständen zu sein, sicher schon im siebten oder achten Monat.

Sie setzte sich gleich auf die Bank vor dem Haus, suchte nach einem großen weißen Taschentuch und wischte sich das Gesicht ab. »Das Kind ist von einem Soldaten«, sagte der Vater, »von einem deutschen Soldaten, der in Rußland ist; wenn er Urlaub kriegt, dann heiraten sie. Ja, ja.« Anna nickte mehrere Male mit dem Kopf und lächelte freundlich. Der Vater ging dann wieder, und Anna blieb ungefähr zwei Jahre bei uns. Das Kind wurde bei Verwandten geboren. Sein Vater war noch nie auf Urlaub gekommen, und einige Tage nach der Geburt kam ein Polizist. Anna hatte zugegeben, daß der Vater der französische Gefangene war, der bei ihrem Vater zu Hause arbeitete. Sie mußte ins Gefängnis. Wir besuchten sie dort. Sie weinte und war voll äußerster Verzweiflung. Da sie im obersten Stockwerk untergebracht war, konnte sie manchmal die Berge sehen. Wir bemühten uns um sie, und nach ungefähr einer Woche kam sie dann auch zurück. Ich mochte sie sehr gerne, sie hatte eine unendliche Ruhe und Friedfertigkeit in sich. Sie interessierte sich für nichts anderes als für ihre Tiere. Wenn sie mit ihrer Arbeit fertig war, zog sie ihre Kleider aus und stellte sich im Stall hin und wusch sich. Das war ein merkwürdiger Anblick. Sie war so zierlich, trotz der vielen Arbeit, die sie schon als Kind hatte verrichten müssen. Unter ihrem langen Rock schauten zwei kleine Füße hervor. Von Kopf bis Fuß wusch sie sich jeden Tag mit größter Umständlichkeit und Mühe; dann nahm sie ihr Kopftuch ab, kämmte die langen braunen Haare, steckte alles wieder zu einem Zopf zusammen und war fertig.

»Er heißt Albert.«

»Wer«, sagte ich, »der Vater oder das Baby?«

»Nein«, sagte sie, »der Vater aus Orleans.« Sie lächelte. Freundlich, glücklich, mehr sprach sie niemals darüber. Danach, als Anna zu ihren Eltern zurückging und die Aufregung im Dorf ein wenig abgeklungen war, kam Gretel – mit hellgrünen Augen, wie ein junger Wolf. Abends im Stall bekam sie Besuch, ohne daß wir es merken sollten. Nur ganz leise wurde ab und zu darüber gesprochen. Auch sie bekam Besuch von einem jungen Franzosen, der sich gut mit dem Aufseher verstand und abends aus dem Haus, in dem sie bewacht wurden, hinausdurfte. Dann besuchte er Gretel heimlich, leise – im Morgengrauen schlich er dann wieder zurück. Gretels Kind war ein Mädchen, ein zartes, hübsches Mädchen. Niemand hatte etwas bemerkt. Niemand wußte was. Wer war der Vater? Vater unbekannt.

Danach kam Rosa.

In Kissingen liegt hinter dem Park-Hotel ein kleiner Garten mit einem Springbrunnen und Sonnenschirmen; einige blühende Pflanzen sind

dort aufgestellt. Es ist schattig und angenehm zu sitzen. Man bekommt Tee, Kaffee oder Kuchen und ein schönes Eis. Dort saßen neben mir drei Damen. Drei schlimme Frauen. Vielleicht waren sie fünfzig oder fünfundfünfzig Jahre alt, sie saßen in wunderbaren Kleidern da, mit ihren großen Hüten, mit Sonnenbrillen, sehr geschminkt und sehr viel Schmuck. Man erschrak, wenn man sie sah. Ihre Stimmen waren laut und heftig. Ihre Gesichter – sieh einmal hin, und dreh dich dann wieder um. Eine hatte ihren seidenen Rock hochgezogen, etwas juckte sie am Knie oder am Bein, das Kleid blieb liegen, das Bein war zu sehen, weißes menschliches Fleisch. Dann kam der Kellner, ein Italiener. Man kennt das alles. Drei Hexen. Kein Wort mehr darüber.
Dann kam Rosa. Rosa war anders als diese Frauen. Vierzehn Jahre blieb sie.

6

Im Januar 1943 wurde im Staatstheater der Geburtstag des Marschalls gefeiert. Unzählige Autos fuhren vor, Offiziere kamen und ihre Damen, die Offiziere in glänzenden Uniformen, die Damen in Pelzen, die sie in der Garderobe ablegten; darunter kamen schöne Kleider zum Vorschein, mit Perlen bestickt, lange Handschuhe, weiße Kleider, Seide in schwarz, in gelb, in blau und in rot. Es herrschte eine unendlich ausgelassene Stimmung. Im Foyer war ein großes Buffet aufgebaut. Es gab sehr viel zu trinken. Aber es war schon Stalingrad. Die Gattin des Marschalls stand in einem langen weißen Hermelinmantel oben in der Loge. Sie winkte einer Dame zu, die in einer anderen Loge saß, einer Freundin oder ihrer Schwester. Sie lachten und riefen sich etwas zu. Auf der Bühne wurde gesungen – aus »Macht des Schicksals« – wunderbar gesungen, es wurde Theater gespielt; nur das Hohe vom Höchsten war zugegen und zu sehen. In der Pause blieb ich auf meinem Platz sitzen, ich wollte nichts essen und nichts trinken, ich wartete nur den Schluß

der Vorstellung ab; dann ging ich über die »Linden« zum Bahnhof Friedrichstraße. Die Stadt lag vollkommen im Dunkeln. In dem Eingang des Bahnhofs Friedrichstraße war es so kalt, so viel Schmutz lag herum, der nicht mehr weggefegt wurde, und vier Soldaten in feldgrauen Mänteln mit verbundenen Armen und Beinen gingen still vorbei. Einer von ihnen humpelte, ein anderer stützte ihn. Auf den Geleisen, auf denen die Fernzüge vorbeifuhren, rollte ein Zug nach dem anderen im Dunkeln vorüber. Man hörte das Rollen der Räder, sonst hörte man nichts, keine Lieder, keine Gesänge mehr. Nichts mehr. In den Zügen waren Soldaten, die von Frankreich nach Rußland geschickt wurden, Tag und Nacht. Es war schon Stalingrad.
Nachts konnte ich nicht schlafen. In der ganzen Zeit während der nächsten Monate kam man überhaupt wenig zum Schlafen. Wir spielten immer noch Theater, jeden Abend. Wenn die Vorstellung bis zur Pause kam oder vielleicht eine halbe oder ganze Stunde länger, dann heulten die Sirenen. Die Zuschauer verließen das Theater, die Schauspieler auch. Wir alle suchten zusammen einen Unterschlupf in den U-Bahn-Schächten. Dunkel und kalt. Wenn die Entwarnung kam, manchmal war es schon zwölf oder halb eins, dann kamen wir wieder mit den Zuschauern hinaus, und es kam oft vor, daß noch

niemand nach Hause ging, daß sich alle wieder an ihre Plätze setzten, und wir spielten weiter.

Wenn abends keine Vorstellungen waren, wartete ich auf den Anruf von Adelheid Seeck. »Gleich«, sagte sie, oder »in zehn Minuten«, oder »du kannst dir Zeit lassen, heute ist es nicht so schlimm, nur wenige Verbände«, oder »eil dich, es wird schwer. Geh zum Fehrbelliner Platz«. Dort traf ich mich mit ihr. Sie war eine Kollegin. Fast unberührt von all den Geschehnissen sehe ich sie ankommen, ganz groß, ganz schlank, ihre schönen, schlanken Beine. »Komm«, sagte sie, »laß uns runtergehen, da ist es noch am sichersten.« Wir gingen meist zur U-Bahn Fehrbelliner Platz, ein Sammelpunkt, an dem so viele Menschen zusammenkamen – vom Ku-Damm, der Bayerischen Straße, dem Olivaer Platz, dem Wilmersdorfer Viertel; sie strömten zusammen, weil es dort als sicher galt. Warum, wußte man wahrscheinlich gar nicht. Aber die Leute kamen zu Tausenden, und dann standen wir herum und hörten und warteten und horchten, bis es für diese Nacht vorüber war, und dann gingen wir wieder die vielen Stufen hinauf und standen wieder auf der Straße. Rauch und Feuer und starker Wind, ausgelöst durch die große Hitze der brennenden Häuser.

»Gute Nacht«, sagte ich, »schlaf, wenn du kannst. Hoffentlich ist meine Wohnung noch da.«

Mit Gustaf Gründgens auf der Probe zu »Sappho« von Lawrence Durrell

Elisabeth Flickenschildt in der Rolle der Sappho

Maria Koppenhöfer als Großmagd in »Der Gigant« von Richard Billinger

Sybille Binder als Mrs. Ramsay in »Herrenhaus« von Thomas Wolfe

Elisabeth Flickenschildt in »Die Möwe« von Anton Tschechow

Gustaf Gründgens in einer Probe zu »Don Carlos«

Die Wohnung war nicht mehr da, immer wieder das gleiche. Das Haus brannte, die Straße brannte. Schnell zu den Frauen hinauf, die schon oben im vierten oder fünften Stock mit kleinen Wassereimern das Feuer zu löschen versuchten. Unmöglich. Qualm und Rauch trieben uns wieder hinunter; man raffte aus der Wohnung noch irgend etwas zusammen, und dann war man stundenlang unterwegs, um bei Freunden oder Verwandten ein Bett zu finden.

Das ging eine Zeitlang, aber es ging nicht immer.

Ich bekam Lungenentzündung und wurde in das St. Franziskuskrankenhaus gebracht, in der Nähe vom Lützowplatz, Landgrafenstraße. Rundherum war schon alles Ruine – zerbombt. Das Krankenhaus stand noch. Es gab keinen Luftschutzkeller, nur einige untere Räume waren etwas abgestützt, sonst nichts.

Wer nicht zu krank war, mußte beim Alarm hinuntergehen und sich einen Platz zum Sitzen oder Stehen suchen. Die Schwestern in dem Krankenhaus – alles Nonnen – hatten unendliche Mühe, die Schwerkranken auf den Bahren im Aufzug herunterzutransportieren. Dann hörte man die Bomben, der Keller bebte, schon der Luftzug schien alles fortzureißen. Die Kranken weinten, stöhnten vor Entsetzen, vor Schmerzen. Eine Ärztin kam, Spritzen, Medikamente.

Der Priester kam und beugte sich nieder und hatte eine kleine weiße Oblate in der Hand. Die Hostie.

Wenn er vor mir stand, sah er mich an und schüttelte den Kopf. Ich bekam nichts. Kein Trost für mich. Ich war Protestantin.

Wenn der Alarm vorbei und nichts passiert war, schleppte man die Kranken wieder auf die Zimmer. Einige Stunden später, der nächste Alarm. Alles begann von neuem.

Wenn man in sein Zimmer kam, waren alle Fensterscheiben entzwei, die Glassplitter lagen auf dem Bett, auf dem Fußboden, überall. Der Glaser kam, setzte die Fenster wieder ein, bis sie dann wieder zersprangen.

Eine Schwester kam und brachte Tabletten. Sie flüsterte mir ins Ohr – ihre große Haube deckte mich fast zu: »Uns passiert nichts«, sagte sie, »wir haben eine Heilige unter uns!«

Das Trümmerfeld ringsum wurde immer größer, nur das Krankenhaus blieb stehen.

Zu dem Krankenhaus gehörte eine kleine Kapelle, die neu angebaut war. Die Patienten konnten hineingehen. Zur Straße hin war eine Tür offen. Es war ein weißer, schmuckloser Raum, unter der Decke hing nur ein Kruzifix aus den Jahren um neunzehnhundert – nicht sehr schön.

Morgens um sechs Uhr gingen hier die Nonnen,

die in dem Krankenhaus arbeiteten, zur Messe. Man hörte sie kaum, wenn sie hereinkamen. Sie setzten sich still und ganz leise auf ihren Platz. Sie nahmen ihren Rosenkranz in die Hand, knieten nieder und saßen in ihren großen schwarzen Mänteln und ihren weißen Hauben da, vielleicht zwanzig oder fünfundzwanzig Frauen.
Dann kam der Priester. Eine vollkommene Stille trat ein. Die Auslöschung des eigenen Ich und die Hingabe waren vollkommen. Das Irdische war verlassen.

Ich hatte immer noch Fieber. Ich stand auf, nahm mein Köfferchen und verließ das Krankenhaus. Dann holte ich nur noch meine Kamelie ab, die ich in einem Schrank im Keller meiner ausgebrannten Wohnung eingeschlossen hatte. Um zu diesem Schrank zu kommen, mußte ich erst durch lauter Wasserlachen steigen, dann über die auseinandergerissene Kellertreppe springen und die verschütteten Luftschutzgänge freischaufeln. Aber der Schrank war noch da. Ich machte die Tür auf, und da stand auch noch die Blume, vollkommen unversehrt, mit glänzenden grünen Blättern und einer Fülle schneeweißer, zarter Blüten. Was für ein Anblick!

Dann war ich auf dem Bahnhof. Zu meinem größten Erstaunen stand plötzlich Gründgens neben mir. Ich war verwirrt. Hatte ich angerufen und gesagt, daß ich fahre?

Nein, ich erinnerte mich nicht.

»Wo wollen Sie hin«? fragte er. »Was machen Sie hier?«

»Ich fahre nach Hause, ich war krank!«

»Ja, ja«, sagte er, »ich weiß, und jetzt fahren Sie!«

»Ja, ich versuche es.«

»Sind Sie ganz allein?«

»Ja.«

»Haben Sie kein Gepäck?«

»Nein!«

»Na, dann alles Gute! Hoffentlich kommen Sie gut hin!«

»Ja, danke.«

Dann drehte er sich um, sah mich noch einmal an, teils neugierig, teils gleichgültig, gleich darauf noch einmal und ganz anders, und dann war er fort.

Als der Zug einlief, wurde er geradezu gestürmt. Jeder versuchte mitzukommen. Ich blieb zuerst ruhig stehen und sah mir das Ganze an. Dann sah ich, wie ein Fliegergeneral und zwei Offiziere kamen; der General war verwundet, um den Kopf und um den Arm hatte er große Verbände. Die Offiziere rissen die Wagentür 1. Klasse für ihn auf, dann grüßten sie und gingen fort. Ich sah, daß der General sich in dem leeren Abteil mit den roten Samtpolstern hingesetzt hatte und anfing, seine Sachen auszupacken. Ich stieg in den Zug und klopfte an die Abteiltür und sagte: »Darf ich mit Ihnen fahren?«

»Ja, ja, bitte«, sagte er.

Dann kam nochmal ein Offizier, salutierte, übergab dem General noch einige Pakete, und schloß dann die Tür von außen zu.

»Ich will nach Berchtesgaden«, sagte er. »Wo wollen Sie hin?«

»In die Nähe dort«, sagte ich.

»Na denn, hoffentlich kommen wir hin!«

Der Zug verließ den Bahnhof, und dann dauerte die Reise neun Tage. Am schlimmsten waren die Abende. Dann wurden die Bahnhöfe bombardiert, und wir blieben auf freier Strecke stehen. Wenn man sich aus dem Abteilfenster beugte, konnte man die brennenden Bahnhöfe und die brennenden Städte sehen.

Wenn der Alarm vorbei war, stieß der Zug kilometerweit wieder zurück und versuchte, auf anderen Geleisen wieder seine alte Strecke zu erreichen. Der General trank französischen Rotwein und bot mir davon an. Auch von seinem Weißbrot. Ich war lange in Paris, sagte er. Er sprach nicht viel. Nur einmal, als wir wieder stundenlang anhalten mußten und vor uns die Detonationen zu hören waren, schaute er mich

an: »Ich bin traurig, können Sie das begreifen?«
»Ja«, sagte ich, »das kann ich begreifen!«
Es dauerte sechs Tage, bis wir nach Regensburg kamen. Inzwischen war der Zug in einem unbeschreiblichen Zustand. Alles war voll Schmutz, voll Dreck. Die Kinder schrien, manchmal kamen noch NSV-Schwestern, um zu helfen oder etwas Tee zu bringen. Im Zug war kein Wasser, kein Licht. Abends war alles vollkommen dunkel, alle Städte dunkel, alle Bahnhöfe dunkel – alles dunkle Nacht.
In Regensburg wurden drei Waggons, die mit Frauen und Kindern besetzt waren, abgehängt; wir fuhren nur noch mit der Lokomotive und vier anderen Waggons weiter.
Am schlimmsten war es, als hinter Regensburg Flieger kamen, die den Zug beschossen. »Gnädige Frau«, sagte der General, »legen Sie sich auf die Erde, und ich lege mich an ihre Seite.« »Ja«, sagte ich und legte mich auf den Fußboden. Der General legte sich auch. Man hörte die Einschüsse der Maschinengewehre aus der Luft. Ich versuchte den Kopf zu wenden, aber ich brachte nichts mehr fertig. Ich hatte nur noch einen Gedanken: wenn ich aufwache, sind meine Haare ganz weiß, und ich bin eine ganz alte Frau. Ich schlief ein. Ich war zu nichts anderem mehr fähig. Als ich aufwachte, war der General neben mir tot. Sein Gesicht lag halb auf meiner Schulter, meine

Hände und mein Kleid waren voll Blut. Ich gab mir Mühe, mich zu erheben, versuchte aufzustehen, aber ich schaffte es nicht. Er war ein großer schwerer Mann und lag da, und ich war nicht in der Lage, mich von der Last zu befreien. Aber der Zug fuhr immer noch, immer noch. Ich versuchte, meine Hände an meinem Kleid abzuwischen. Ich versuchte, meine Angst zu bekämpfen und aufzustehen. Ich ging aus dem Abteil hinaus. Es war keine Tür mehr da. Rechts und links nebenan war alles leer. Ich merkte, daß der Zug langsamer fuhr und wir durch einen Bahnhof kamen. Draußen war alles ganz ruhig. Es war morgens früh, vielleicht vier oder fünf Uhr. Es war ein kleiner Bahnhof. Es mußte irgendwo in Bayern sein, denn ich sah schon Berge und eine Landschaft, die mir vertraut und bekannt war. Auf dem Bahnsteig stand nur ein einzelner Beamter, der mit dem Lokomotivführer sprach. Dann kam ein Mann mit einem Karren, der mit vier großen Milchkannen beladen war, an den Zug; er ging auch vor zum Lok-Führer, und die drei sprachen miteinander. Ich hob den einen Kannendeckel auf. In der Kanne war Milch. Dann kam der Mann zurück und lud die Kannen auf den Gepäckwagen hinter der Lok, und dann fuhr der Zug weiter. Ich blieb auf der Plattform stehen. Draußen war der Himmel ganz blau. Ich sah grüne Bäume, weiße Häuser und Gärten mit

Blumen, und in dem einen Haus wurde ein Fenster aufgemacht, ein Mann beugte sich heraus und gähnte und streckte sich.

Am Abend war der Zug in Freilassing. Da stieg ich aus. Der Bahnhof war überfüllt von verwundeten Soldaten, die aus den Krankenhäusern in Salzburg weggeschickt worden waren und nun nicht wußten, wo sie hinsollten. Die Bahnhofswirtin brachte mir heißes Wasser. Ich konnte mich waschen, und sie brachte mir ein Glas heißen Tee. »Danke«, sagte ich, »vielen Dank, das war nett von Ihnen.«

Als ich meinen Tee trank, sah ich, daß die Leiche des Generals aus dem Zug gehoben wurde. Es war merkwürdig zu sehen, wie die Leute herumstanden, wie sie in sein Gesicht sahen und seine Uniform mit den großen weißen Aufschlägen betrachteten, mit der er noch nach Berchtesgaden gewollt hatte.

Dann machte ich mich auf den Weg und ging über Teisendorf, Neukirchen und Siegsdorf in der Nacht nach Hause. Als ich ankam, war es noch dämmrig. Im Haus standen die Fenster offen. Wahrscheinlich schliefen noch alle und hatten abends gesagt, laßt die Fenster offen, wie schön und warm die Luft ist. Ich setzte mich auf die Bank vor der Haustür und wartete, bis ich hörte, daß jemand aufstand.

In den ersten Maitagen, als die Amerikaner immer näher rückten, war die ganze Gegend in einem unbeschreiblichen Aufruhr. Hunderttausende von Soldaten hatten sich in der Umgebung von Berchtesgaden zusammengefunden, das nur vierzig Kilometer von uns entfernt war.
Nach einigen heißen Tagen hatte es zu schneien begonnen. Auf all den blühenden Bäumen lag frisch gefallener Schnee, der sich bis hoch hinauf in die Berge erstreckte und dort oben eine fast geschlossene weiße Decke bildete. Tag und Nacht fuhren die Amerikaner mit ihren Jeeps in die Berge hinauf und brachten Soldaten und Offiziere herunter, die sich dort oben versteckt und gehofft hatten, unbemerkt bleiben zu können.
Einige Tage später klopfte es nachts ans Fenster. Unser Nachbar Wolf war ermordet worden. Wir telefonierten zu den Amerikanern ins Dorf hinunter. Sie kamen auch. Ihr Offizier, ein Neger, setzte sich ans Klavier und spielte Mozart. Herr Wolf, von acht Schüssen getroffen, lag verblutet in seinem Keller.
Am Sonntag darauf, ich war schon ins Bett gegangen, ich glaube es war gegen neun Uhr, hörte ich meine Mutter vor der Tür. »Laß mich herein, schnell!« Ich sprang aus dem Bett. »Zieh dich an, unten stehen zwei Amerikaner mit einem Deutschen und wollen dich sprechen!«
»Mich? Wieso, was wollen die denn?«

»Ich weiß es nicht, sie haben weiter nichts gesagt. Ich bitte dich, komm herunter.«

Ich zog mich an, band ein Tuch um den Kopf und sah unten an der Treppe einen Amerikaner in Uniform und einen Deutschen in Zivil stehen – einen dieser Deutschen, die damals ständig mit den Amerikanern unterwegs waren; beide sahen mich freundlich an und baten mich, zu ihnen in den Jeep zu steigen.

»Warum?« fragte ich.

»Ach«, sagten sie, »es ist weiter gar nichts, wir möchten nur etwas mit Ihnen besprechen.« Dabei stellte sich der Amerikaner hinter mich, schob mich fast aus der Tür heraus und in das Auto hinein. Unterwegs sprachen sie vom Wetter und wie hübsch die Gegend sei. Dann hielten wir plötzlich vor dem Gefängnis in Traunstein. Der Amerikaner schloß die Türe auf, noch eine Türe, und dann waren wir in einem Vorraum, in dem ein Gefängniswärter saß. »Warten Sie hier«, sagte der Amerikaner.

Ich setzte mich auf die Holzbank und wartete ungefähr eine halbe Stunde.

Dann kam er zurück und führte mich in ein Zimmer, in dem zwei junge amerikanische Offiziere waren. Sie waren sehr jung, vielleicht zweiundzwanzig Jahre alt. Der eine hatte blonde Locken und ein kindliches Gesicht mit ganz hellblauen Augen. Der andere saß mit dem

Rücken zum Tisch, war dunkelhaarig und schien in einem Notizbuch zu lesen. Ich wurde gebeten, Platz zu nehmen, und beide fingen an, mich zu fragen. Wie ich heiße, was ich hier mache, warum ich aus Berlin fort sei. Haben Sie Göring gekannt? Nein! Haben Sie Goebbels gekannt? Ja! Haben Sie Hitler gekannt? Ja! Wieviele Male waren Sie bei Hitler eingeladen? Waren Sie bei Goebbels eingeladen? Was hatten Sie für einen Freund? Erzählen Sie von diesem Freund! Wer war Ihre Freundin? Sie haben in einer jüdischen Wohnung gewohnt. Haben Sie die Möbel von den früheren Besitzern für sich genommen? Wo sind die Besitzer geblieben?

Ich blieb noch immer ganz ruhig, fast heiter. Ich sagte: »Ja, ich habe zwei Wohnungen im Tiergarten durch Bomben verloren und bekam dann eine Wohnung im Grunewald. Dort hatte eine jüdische Familie gewohnt. Richtig, ja, sie sind ausgewandert, nach Kalifornien. Als ich die Wohnung ansah, standen die Überseekoffer gepackt und zur Abreise fertig. Außerdem hat mir die Familie einmal einen Gruß geschickt.«

»Haben Sie diesen Gruß noch?«

»Nein, ich weiß es nicht. Ich glaube nicht.«

Auf dem Schreibtisch stand eine Uhr. Ich glaube, es war schon nach zwölf. Vor diesem Zimmer hörte man nichts. Aber über und unter uns schien sich ständig etwas zu bewegen. Es waren Laute zu hören, und es schien eine ungeheuerliche Bewegung zu sein. »Weshalb haben Sie mich hierher gebracht? Was wollen Sie von mir? Warum nachts? Was soll das?«

Und wie die beiden mich ansahen, ganz ruhig, mit ganz unbewegtem Gesicht, nur etwas neugierig auf meine Reaktion wartend, wußte ich, daß die beiden Männer vor mir junge Juden in amerikanischer Uniform waren.

Ich schwieg. Ich wußte nichts mehr zu sagen. Dann stand ich auf. Ich wollte ihre Hände nehmen oder irgend etwas tun, aber sie mißverstanden meine Bewegung. Als ich auf sie zuging, klingelte der eine, ein Wärter kam, stieg zwei Treppen mit mir hinauf, nahm aus seinem Schlüsselbund einen Schlüssel heraus, öffnete die Zelle, schloß hinter mir zu. Ich hörte, wie er die Treppe hinabging. Ich war allein.

Ich schlief nicht. Ich stand an die Tür gelehnt und sah aus dem kleinen vergitterten Fenster, bis es Tag wurde. Überall hörte man Klingeln und Schlüsselbunde. Zellen wurden auf- und zugeschlossen, man hörte die Stimmen der Zelleninsassen und die Wärter und Wärterinnen. In der Tür eine Klappe. Sie wurde aufgemacht, jemand schaute herein, und in die Klappe wurde ein Becher mit Kaffee gestellt. Ich ließ den Becher stehen. Nach einiger Zeit wurde die Türe geöffnet, und eine große dicke Frau mit einem scheußlichen Gesicht winkte mir. »Komm raus!« »Warum?« fragte ich. Sie kam einen Schritt näher. »Los, Fußboden putzen!« Ich ging mit ihr aus der Zelle hinaus. Draußen war ein großer Flur, den ich nachts nicht so deutlich gesehen hatte. Auf dem Flur waren lauter Frauen, jüngere, ältere, junge, sehr geschminkte Frauen mit offenen Haaren, und ich dachte: Amihuren, das sind Amihuren, Zigarettenhuren. Die Wärterin drückte mir einen Bohnerbesen in die Hand. »Nein«, sagte ich, »ich arbeite hier nicht!« Sie ging auf mich zu – ich dachte, jetzt schlägt sie mich; ich wußte genau, was ich dann getan hätte. Im selben Augenblick kam einer der Wärter, zog sie etwas beiseite, sie machte meine Zelle wieder auf und stieß mich hinein.

Kurz vor Mittag wurde ich herausgelassen. Die Pforte wurde aufgeschlossen, und ich stand wieder auf der Straße.

Die Sonne schien, ein warmer Tag im Mai.

Abends ging ich an meinen Koffer und holte eine Rolle Schlaftabletten, die ich im Krankenhaus in Berlin nicht gebraucht hatte, und schluckte die fünfundzwanzig Tabletten hinunter. Dann wartete ich, aber ich schlief nicht ein. Später begann ich etwas zu frieren, mir wurde übel, aber auch das ging vorüber. Ich blieb wach und lebendig.

An einem Nachmittag, einige Wochen später, traf ich Maria Koppenhöfer auf der Maximilianstraße in München. Seit der Vorstellung von »Abendröte« im Staatstheater hatte ich sie nicht mehr gesehen. Ich hatte sie sehr bewundert. Besonders in »Preziosa« von Weber, wo sie eine Zigeunerin spielte. Nun traf ich sie auf der Maximilianstraße, und wir freuten uns, uns wiederzusehen. Sie wollte in München spielen. Sie wollte nicht mehr nach Berlin zurück. Sie hatte dort niemanden mehr. Ich weiß nicht, warum sie später nicht mehr zu Gründgens zurückkam.
Genau wie Hermine Körner später nicht mehr dabei war. Man fand nicht mehr zueinander. Wir setzten uns in ein kleines Café, sie hatte Zigaretten, und wir sprachen und erzählten von den Monaten, in denen wir getrennt waren. Sie sprach von Werner Krauß und lachte so herrlich und herzlich über die Geschichte, daß er irgendwo als Schäfer lebte und eine Herde von Schafen hütete. Trotz der ganzen Misere war sie von einer großen Heiterkeit und Zuversicht. Sie faßte meinen Arm: »Komm mit«, sagte sie, »ich habe ein Zimmer, und du kannst bei mir schlafen! Bleib doch bei mir heute abend, es ist so schön, daß wir uns getroffen haben!« Ich ging mit ihr in ihre Wohnung, die in Bogenhausen lag, in einem ehemaligen Mietshaus, das einer alten Dame gehörte. Dort hatte sie ein Zimmer und

durfte die Küche mitbenutzen. Als wir zu ihr kamen, war nicht geheizt; es war kalt, und die alte Dame saß in eine Wolldecke gehüllt und mit einem Hut auf dem Kopf in der Küche. Wir machten uns bekannt; dann durften wir uns etwas zu essen machen und trugen es in das Zimmer, ein kleines, ganz bescheidenes, einfaches Zimmer, in dem früher eine Hausangestellte gewohnt hatte. Wir setzten uns auf das Bett, und unsere Geschichten von früher fingen von vorne an – bis in die späte Nacht. Dann zogen wir uns aus und wollten schlafen. Wir hatten keine Nachthemden und froren. Wir krochen eng im Bett nebeneinander, um es wärmer zu haben. Und unter Lachen über unsere Situation, die uns so sonderbar und gar nicht glaubwürdig vorkam, schliefen wir ein. Ganz früh am Morgen wachte ich auf. Es war noch fast dunkel. Das Zimmer hatte nur ein Fenster, das auf einen Garten hinausging. Maria Koppenhöfer war ganz leise aufgestanden. Ich hatte es nicht einmal bemerkt. Ich sah, wie sie im Zimmer und in der nebenan liegenden Küche ein und aus ging. Sie hatte einen Besen in der Hand und sah merkwürdig aus.

Ihre langen schwarzen Haare fielen ihr über die Schulter. Sie hatte ein grobes, graues Wollhemd an, wie es Arbeiter als Unterwäsche tragen, dazu eine wollene Hose und bloße Füße. Ich wagte nicht, guten Morgen zu sagen oder mich zu rühren. Ich hielt die Augen geschlossen, als schliefe ich, und sah nur hin, wenn sie mich nicht bemerkte. Sie stand auf ihren Besen gestützt und sah aus dem Fenster. Über ihr lag eine solche Wolke von Verzweiflung, Verlorenheit, Verlassenheit, daß ich mich abwandte und meinen Kopf in die Decke vergrub.

Was war aus uns allen geworden? Ich weiß nicht mehr, wie dieser Morgen zu Ende ging. Später aßen und tranken wir wieder etwas in der Küche. Die eingewickelte alte Dame saß auch schon wieder dabei. Später spielte Maria Koppenhöfer die »Irre von Chaillot« in München an den Kammerspielen. Dann wurde sie krank. Sie versuchte, es zu verheimlichen, zu vertuschen, sich nichts merken zu lassen, trotz ihrer Schmerzen. Sie half sich mit Mitteln, die keine Linderung, auch keine Änderung mehr brachten, und die Krankheit raste mit entsetzlicher Hast dem Ende zu.

Bei der Premiere von »Die Irre von Chaillot« hatte sie solche Schmerzen, daß sie sich fast eine Stunde lang einschloß und nicht die Kraft fand, aus ihrer Garderobe herauszukommen und zu spielen. Sie starb in einer Klinik in Heidelberg.

Warum kam mein Vater nun gerade nach Altona ins Krankenhaus? In dieses alte, unfreundliche Krankenhaus aus gelben Backsteinen mit lauter Verzierungen? Ein Krankenhaus, das wir nie mochten. Wir lachten über dieses häßliche Haus. »Na«, sagten wir, »bringt uns nur nie dorthin. Dort stirbt man bestimmt.« Und jetzt hatten sie meinen Vater dorthin gebracht. Krebs am Magen und in der Leber, Krebs überall. Er war operiert worden. Er hatte ein großes offenes Loch in seinem Leib, das von den Ärzten nicht mehr zugenäht worden war und mit Watte und Verbandstoffen ausgefüllt wurde. Wir standen um sein Bett herum, das Fenster war offen, der Himmel blau; weiße Vorhänge am Fenster, die sich leicht bewegten.

Die Schwester kam herein. »Schwester«, sagte meine Mutter, »vielleicht möchte mein Mann etwas trinken. Ich glaube, er hat Durst. Vielleicht etwas Sekt. Haben Sie nicht ein bißchen Champagner?« Wir Kinder starrten unsere Mutter an. Die Schwester ging hinaus und kam mit einem Fläschchen Matthäus Müller wieder. Sie öffnete es und füllte ein Glas. Aber mein Vater trank nicht. »Danke, Schwester«, sagte meine Mutter, »stellen Sie es nur dort hin.« Wir hatten alle die Eisenstange des Bettes umklammert. Meine Mutter in der Mitte, mein Bruder daneben, dann ich. Meine Schwestern an der anderen Seite.

Niemand sprach ein Wort. Mein Vater sah uns nicht mehr an. Er sah aus dem Fenster. Sein Gesicht veränderte sich vor unseren entsetzten, aufgerissenen, ungläubigen Augen. Sein Gesicht wurde immer schöner, ganz edel. Plötzlich ganz zart, ganz weich, und dabei drückte sich, uns allen erkennbar, ein ungeheurer Friede und eine unendliche, nicht mehr menschliche Größe in seinem Gesicht aus. Seine Augen nahmen eine immer tiefere und blauere Färbung an. Niemals hatte ich so ein Gesicht an meinem Vater gesehen, und doch hatte er wahrscheinlich sein Leben so verbracht, um in diesem Augenblick bis zu dieser Möglichkeit zu kommen.
Dann setzte die Verwandlung ein. Die Schwester kam wieder herein. Sie warf einen Blick auf das Bett. »So«, sagte sie, »jetzt müssen Sie auch gehen.« Wir gingen ganz folgsam und ruhig hinaus. Wir gingen zum Bahnhof. Wir fuhren mit dem Zug und gingen dann zu Fuß weiter, bis wir nach Hause kamen. Unauffällige Leute, nach außen ganz in Ordnung. Nichts weiter. Eine Mutter und vier Kinder. Aber als wir in die Nähe des Hauses kamen, am Garten vorbei, auf der Straße, die wir kannten, schrie mein Bruder plötzlich laut auf und weinte so schrecklich; wir alle schrien. »Still, Kinder, still, Kinder«, sagte meine Mutter, »still, bis wir zu Hause sind.« Wir liefen fast das letzte Stück

des Weges. Wir schlossen die Tür auf. Wir waren allein, wir waren zu Hause. Meine Mutter setzte sich. Sie schlug die Hände vors Gesicht. Sie weinte. Mein Bruder stampfte mit dem Fuß auf und schlug mit dem Kopf gegen die Wand. »Nein«, sagte er, »nein, nein, nein!« Meine Schwestern hatten sich umarmt und schrien laut. Ich hatte mich auf den Fußboden gesetzt und dachte immer: jetzt hole ich ein Messer, und wir sterben alle. Das ist besser. Tausendmal besser. Dann kam die Beerdigung.

Plötzlich hatten wir alle schwarze Hüte, schwarze Kleider, schwarze Mäntel. Es war unglaublich, aber wir waren in die Stadt gefahren und hatten all diese Sachen gekauft und in Paketen nach Hause getragen. Mein Vater lag mit seinem aufgeschnittenen Bauch in seinem Sarg. In der kalten Kapelle auf dem Friedhof. Wir hatten Blumen in den Händen. Kränze. Kerzen brannten. Der Sarg wurde in die Erde gesenkt. Es wurde Erde darüber geschüttet.

Der Pastor hielt ein Gesangbuch in der Hand: »Staub sollst du werden, von dem du genommen bist.«

Meine Mutter saß zusammengekauert in einem Abteil. »Komm, halt dich an mir fest und leg deinen Arm um mich, dann kannst du besser gehen!« Ich stützte sie von der einen Seite, mein Bruder faßte ihren anderen Arm, und so versuchten wir, sie vorsichtig vom Zug durch den Bahnhof in das Auto zu bringen. Sie war sehr blaß. Ihre Haare hingen etwas unordentlich in Strähnen unter ihrem Hut hervor, was sonst nie bei ihr vorkam. Im Auto lehnte sie sich zurück wie früher, eine Dame, sie wischte ein bißchen an der Scheibe herum, um besser sehen zu können. »Wie schön«, sagte sie, »jetzt sind wir ja gleich zu Hause.« Mein Bruder fuhr und sagte kein Wort. Ich saß neben meiner Mutter. Sie erzählte von dem Arzt, der sie behandelt hatte und der uns antelefonierte, damit wir sie nach Hause holten.

Als wir durch Blankenese fuhren, den Ort, an dem sie ihr ganzes Leben verbracht hatte, lächelte sie. Schau, sagte sie, schön wie immer! Ich hatte solche Sehnsucht danach.

In ihrem großen Bett streckte sie sich aus. Auf dem Nachttisch standen Rosen. Wir hatten ihr eines ihrer langen weißen Nachthemden angezogen, die sie immer getragen hatte. Sie trank eine Tasse Tee, aß aber nichts. »Nein, nein, danke, laßt nur!« Und dabei ein schneller, hastiger, ängstlicher Blick auf uns, ob wir etwas gemerkt hätten. Als wir ihr das Nachthemd anzogen, was hatten wir bemerkt? Ihr Arm, ihr Oberarm, war ganz geschwollen, die Metastasen hatten das Gewebe aufgetrieben, zu großen harten Schwellungen. Wir hatten es gesehen. Aber wir sagten nichts.

Der Arzt kam. Sie bekam ein paar Schlaftabletten und schlief dann auch bald ein. Mein Bruder fuhr in seine Wohnung zurück. Ich mußte ins Theater. Meine Schwester blieb mit ihr allein. Abends rief ich nochmals an. »Sie schläft«, sagte meine Schwester.

Am nächsten Nachmittag kam ich wieder. Es ging ihr viel schlechter. Die Wunde über der Brust blutete stark. Der Arzt hatte sie am Tag zweimal neu verbinden müssen.

Am Abend begann sie zu sterben. Sie lag in ihren weißen Kissen, die weißen Haare, ein weißes, eingefallenes, verzweifeltes Gesicht. Sie erwachte gar nicht mehr ganz. Ab und zu wandte sie den Kopf und sah aus dem Fenster. Es regnete stark, es stürmte, der Westwind wehte in den Eichen, die das Haus umstanden. Wie die Eichen rauschten! Wie ich dieses Geräusch haßte! Schon als Kind. Dieses grausame Geräusch des niederfallenden Regens. Die feuchten, nassen Blätter, die vom Wind bewegt wurden. Die ächzenden Bäume. So aussichtslos schien alles. Grausam. Ich hatte mir einen Stuhl an das Fußende des Bettes gestellt und sah meiner Mutter zu, wie sie zu sterben versuchte. Vierundsiebzig Jahre hatte sie gelebt. Eine lange Zeit. Und immer noch war etwas Merkwürdiges in ihr, etwas Jungfräuliches; ein Mädchen. Sie hatte vier Kinder, sie hatte einen Mann gehabt. Aber sie war fast noch ein Mädchen. Unberührt. Jetzt starb sie. Mein Bruder kam mit meiner Schwägerin, ihre Kinder waren versammelt. Es wurde dunkler. Wir standen auf. Wir gingen durchs Haus. Es stürmte. Der Wind hatte zugenommen. Ein Tief vom Atlantik. Schon tausendmal. Tief vom Atlantik.

Meine Schwägerin und mein Bruder setzten sich in die Küche. Es war spät abends, sie hatten Hunger. »Was meinst du, mein Schatz«, sagte meine Schwägerin, »soll ich dir ein Brot machen?« »Ja«, sagte mein Bruder, »wie du willst.« Meine Schwägerin ging in die Speisekammer, nahm einige Eier aus einer Schüssel, ließ Wasser in einen Kochtopf laufen und wartete, bis die Eier fertig waren. Dann hielt sie sie unter kaltes Wasser, machte einige Schnitten Brot zurecht, zerschnitt die Eier in kleine Scheiben und streute etwas Salz darüber. »Möchtest du ein Bier, mein Schatz?« »Nein«, sagte mein Bruder. Ich ging aus der Küche und setzte mich wieder auf meinen Stuhl.

Der Atem war nicht mehr wie Luft oder Atem, es

war ein Röcheln, ein heftiges, unregelmäßiges Röcheln. Ihre Augen waren geschlossen. Es dauerte stundenlang. Ich ging zum Telefon und rief noch einmal den Arzt an.
»Herr Doktor«, sagte ich, »können Sie nicht noch einmal kommen?«
»Es hat keinen Zweck«, sagte er, »ich kann nichts mehr machen.«
Ich ging wieder in die Küche. Mein Bruder saß da, den Kopf in die Hände gestützt, und starrte auf den Teller, auf dem die Eierbrote lagen.
Der Regen hörte die ganze Nacht nicht auf. Nachts um zwei Uhr öffnete meine Mutter plötzlich die Augen und sah uns an. Einen nach dem anderen, ganz ruhig, ganz fest. Wir hielten alle ihren Blick aus. Dann schloß sie ihre Augen, und einige Minuten später war sie tot.

7

1947

Telegramm von Gründgens nach München:

Komm sofort nach Düsseldorf. Ich fange dort wieder an. Komm sofort.

Gustaf

Die Fahrt nach Düsseldorf dauerte damals vierzehn Stunden. Natürlich keine Schlafwagen, noch nicht – nur Wagen dritter Klasse. Es gab keine Hotels; diejenigen, die noch standen, waren von der Besatzung beschlagnahmt. Ich fand ein Zimmer in einem Keller, der in Ordnung geblieben war. Früher war es bestimmt ein schönes Haus gewesen; jetzt war es nur noch eine Ruine, bis auf den Hauseingang, über den man in den heilgebliebenen Keller kam. Einige Kollegen wohnten auf einem Schiff, das im Hafen von Düsseldorf lag. Dort konnte man auch essen. Die Stadt hatte Essensmarken zur Verfügung gestellt. Man konnte also am Rhein sitzen, bekam etwas Suppe, Kartoffelbrei und manchmal sogar einen Kaffee. Doch diese anfangs etwas schwierigen Verhältnisse besserten sich sehr schnell. Wahrscheinlich gibt es in ganz Deutschland keine Stadt wie Düsseldorf, die mit solchem Elan und solcher Tatkraft den Wiederaufbau bewältigte. In der Regierung müssen damals außergewöhnlich tüchtige Männer gearbeitet haben, und die Bevölkerung war mit einer so intensiven Lust an ihrem neuen Leben beteiligt, daß es hier schneller als in anderen Städten wieder zu normalen Verhältnissen kam.

Theater gab es natürlich nicht. Das Schauspielhaus war völlig zerstört, aber in einem Versicherungsbau gab es einen großen Saal und daneben auch Möglichkeiten für Garderoben; besonders der Bühnenraum war für unsere Arbeit geeignet. Da fing Gründgens wieder an. Sicher kam ihm als Düsseldorfer manches stärker zu Hilfe, als es in anderen Städten der Fall gewesen wäre; aber es war nicht nur das. Es war einfach das Aufatmen nach dem Kriege. Das Gefühl der Befreiung, endlich wieder einmal Anschluß gefunden zu haben an andere Länder, menschenwürdige Verhältnisse, aus dem eigenen Schrecken und dem eigenen Entsetzen wieder hinauszukommen, und das Bedürfnis, die Möglichkeiten anderer Länder, Englands, Frankreichs und besonders Amerikas kennenzulernen, die uns so lange verschlossen und so lange unbekannt geblieben waren. Was für eine Fülle von Neuigkeiten, auf die sich jeder gierig und durstig stürzte. Die Verbindungen waren zwar noch nicht alle wiederhergestellt, aber man traf des öfteren junge Leute, die von Stadt zu Stadt reisten und Verleger besuchten, die im Ausland gewesen waren und so vieles wußten und so vieles kannten, was wir in der vergangenen Zeit nur heimlich genießen konnten. In Düsseldorf wurden von Sartre »Die Fliegen« uraufgeführt, von Eliot gab es »Die Cocktailparty«, »Der Familientag« und »Der Privatsekretär«. Dieses Stück sollte in Recklinghausen zur Eröffnung der Ruhrfestspiele Premiere haben. Am Tag der Generalprobe saßen im Zuschauerraum verschiedene Leiter der Gewerkschaften, der Genossenschaften und der Organisationen von Recklinghausen. Die Generalprobe war ein Debakel. Türen knallten zu, im Zuschauerraum wurde geschimpft. Wir hörten es bis oben auf die Bühne. Das ist kein Stück für die Leute an der Ruhr, das versteht hier keiner, keiner begreift, was dahinterstecken soll und ob überhaupt etwas dahintersteckt. Was soll das für uns? Für uns ist das nichts. Gründgens war tief enttäuscht, weil er dieses Stück besonders gern hatte, und verließ uns gleich nach der Probe. Da standen wir nun. Abends sollte die Premiere sein. Verhöhnt, verlassen, schon verurteilt.

Aber wie es nun manchmal ist – irgend etwas kommt zu Hilfe, das, was man Glück nennt, oder ein Stern oder der günstige Augenblick oder unsere innere Bereitschaft, den Abend in einen Erfolg zu verwandeln. Mit aller Kraft, die uns zur Verfügung stand, um das Stück durchzusetzen – um Gründgens' Regie durchzusetzen – und uns selbst. Harte Kämpfe, aber es gelang. Die Zuschauer fühlten das Besondere dieses Stücks vom ersten Augenblick an. Wir konnten es ihnen mitteilen; es gelang uns deutlich zu machen, was nur verschlüsselt war und in einer kühlen Geheimsprache deutlich gemacht werden sollte. Sie verstanden. Ein ganz großer Erfolg. Gründgens rief mich an.
»Siehst du«, sagte er, »was habe ich gesagt.«

Jeder kann denken, was er will – aber die »Räuber«-Vorstellung, mit der das Düsseldorfer Schauspielhaus eröffnet wurde, war für mich die beste, die ich gesehen habe und wahrscheinlich jemals sehen werde. Ich bin in vielen Theatern gewesen, wo dieses Stück gespielt wurde. Ich liebe es; doch der poetische Reiz und die unbedingte Kraft und der wunderbare Wahnsinn, der in all diesen Figuren herrscht, wurde mir niemals deutlicher als an diesem Abend. Ulrich Haupt war gerade aus Amerika zurückgekehrt. Er sah auch so aus. Er probierte in Blue Jeans, trug die Haare kurzgeschnitten und war derselbe wie früher in Berlin. Aber etwas war neu an ihm: alles noch besser, noch knapper, noch kräftiger. Er spielte den Karl Moor, Gründgens den Franz, Antje Weisgerber die Amalia. Es gibt ein Foto einer Szene zwischen Amalia und Karl, das wirklich etwas von der Eigenartigkeit dieser Vorstellung aussagt. Antje war ganz weiß gekleidet, hatte schwarze lange Haare, die fast auf den Boden reichten, und er umarmte sie mit einer solchen Inbrunst, mit einer solchen Verzweiflung, daß man voller Betroffenheit auf seinem Platz saß; alles war so schön, so schön. Schiller. So voll Sehnsucht, voll Verzweiflung und so voll Mord und Tod. Gründgens war wie ein Gespenst, ein weißes, rachsüchtiges, unheimliches Gespenst, in Seide und Brokat gekleidet, mit einer rötlichen Perücke über einem fahlen, grausamen, gelblichen Gesicht.

Und dann »Die Möwe« von Tschechow. »Die Möwe«, in der Nina, ein junges Mädchen vom Lande, Schauspielerin zu werden versucht und so elend daran scheitert. In Berlin, im Deutschen Theater bei Hilpert, hatte ich schon in den »Drei Schwestern« von Tschechow gespielt, die zum Schluß ganz allein sich umarmend auf der Bühne stehen und nur alles verlassen möchten, was ihr Leben bisher ausgemacht hat, nur alles weg-

schmeißen wollen, nur fort nach Moskau, nach Moskau.
Die Rollen in Düsseldorf waren alle sehr gut besetzt. Paula Denk spielte die Möwe, Heinz Drache den Kostja, den jungen Sohn, den Dichter, Gründgens den Trigorin, den eleganten, arrivierten Schriftsteller, ich die erfahrene, gefeierte und anspruchsvolle Schauspielerin. Auch alle kleineren Rollen waren sorgfältig ausgewählt, alles fügte sich zu einem vollkommenen Ganzen zusammen. Es war ein Mädchen im 1. Akt dabei, die uns später verließ und ein Geschäft eröffnete. Für unser Leben reichten ihre Kräfte nicht aus. In dem Stück trug sie damals langes blondes Haar und ein hochgeschlossenes schwarzes Kleid. Ihr Name im Stück ist Mascha. Es beginnt damit, daß sie gefragt wird: »Warum gehst du in Schwarz?« – und sie, ein schönes junges Mädchen, antwortet: »Ich beklage mein verlorenes Leben.«
Und dann Heinz Drache, der Sohn, der ein Dichter werden möchte und es nicht fertigbringt, der nur immer schreit und voll Verzweiflung fordert: »Wir brauchen neue Formen, neue Formen brauchen wir!« Wir verwendeten viel Zeit, uns über dieses Stück zu unterhalten, und Gründgens als Regisseur gab uns die Zeit und die Möglichkeit zu langen Pausen.
Im ersten Akt tritt Nina auf und spricht aus der »Möwe« die folgenden Sätze:

Die Menschen, die Löwen, die Adler und die Wachteln, die gehörnten Hirsche, die Gänse, die Spinnen, die stummen Fische, die im Wasser hausen, die Seesterne und alles, was man bisher mit dem Auge nicht zu erblicken vermocht, mit einem Wort, alle Leben, alle Leben, alle Leben sind, nachdem sie den trauervollen Kreislauf vollzogen, erloschen ... Tausende von Jahrhunderten sind schon vergangen, seit die Erde kein Lebewesen mehr auf sich trägt, und vergebens steckt dieser arme Mond seine Laterne an. Nicht erwachen mehr auf der Wiese die Kraniche mit Geschrei, und in den Lindenhainen sind keine Maikäfer mehr zu vernehmen. Kalt ist es, kalt. Leer ist es, leer, so leer. Schrecklich ist es, schrecklich, schrecklich. Die Leiber der Lebewesen wurden zu Staub, und die ewige Materie hat sie in Steine verwandelt, in Wasser, in Wolken, während ihrer aller Seelen zu einer verschmolzen. Die alleinige Weltseele – das bin ich ... ich bin's ... In mir ist die Seele Alexanders des Großen sowohl wie auch Cäsars und Shakespeares und Napoleons und des letzten Blutegels. Die Erkenntnisse der Menschen haben sich in mir mit den Instinkten der Tiere verschmolzen, und ich erinnere mich an alles, an alles, und so lebe ich ein jedes Leben in mir aufs neue.

Lange Diskussionen über das, was ich als Mutter

sagen soll. Nicht nur als Mutter, sondern auch in der Rolle einer großen Schauspielerin. Was soll ich sagen, wenn mein Sohn nach neuen Formen schreit, und ich übersehe und überblicke längst, daß er keine neuen Formen schaffen kann.

Er quält sich herum bis zu seinem Tode. Was soll ich machen, was soll ich sagen, wie soll ich so ein Kind behandeln – erstaunt, hilfreich oder lächelnd, spöttisch –, oder soll ich gar nicht hinhören und ihn schreien lassen. Es geht ja doch vorüber. Alle neuen Formen gehen doch nur zugrunde in diesem Stück. Sein ganzes Geschrei hilft ihm nicht. Aber ich liebe diesen Sohn. Ich liebe ihn, aber ich schlage ihm vor Wut ins Gesicht. Er reizt mich ständig, ich ärgere mich über ihn. Es ist wie bei jungen aufrührerischen Söhnen und wie bei einer egoistischen, die ganze Situation viel kühler überschauenden Mutter.

»Das macht nichts«, sagte Gustaf. »Laß ihn schreien, du spielst Karten und sprichst von der Großstadt und betest mich an.« Und wenn Kostja und Nina, die Möwe, aufeinander zugingen, in dem Glück, sich zu sehen – sie wollen sich umarmen, sie wollen sich berühren, sie brennen nach einer Zärtlichkeit – »nein, nein«, schrie Gründgens aus dem Zuschauerraum, »nicht berühren! – sich nicht immer gleich berühren, wenn man sich liebt!« Dastehen, entfernt ansehen, entfernt, aber sich ansehen, der Zwang aus dem Inneren, sich ansehen zu müssen, nichts anderes sonst mehr auf der Welt.

Gründgens als Trigorin sah in dieser Rolle unbeschreiblich richtig aus. Er war elegant gekleidet, ein bißchen gelblich, aber sehr deutlich geschminkt, und hatte eine glatte, sehr schwarze Perücke mit nicht zu vielen Haaren und einem Seitenscheitel. Wie behutsam, mit welcher Folgerichtigkeit er das Leben der Nina, der Möwe, zerstörte!

Meinem Sohn Kostja gelang nichts, und Nina, der Möwe, die Schauspielerin werden wollte, gelang auch nichts. Nur die Älteren, Erfahreneren blieben übrig und lebten weiter wie bisher; nichts sonst.

Eine Mitarbeiterin von Gründgens, die er schon seit Jahren von Berlin her kannte und nach Düsseldorf mitgenommen hatte, saß immer auf den Proben dabei, um Notizen zu machen, den Text zu kontrollieren und ab und zu hilfreich einzugreifen.

Es war Fasching zur Zeit der Proben, und sie aß einen Faschingskrapfen. Gründgens sah gar nicht hin. Er war vollkommen konzentriert und dachte an nichts als an seine Arbeit. Stundenlang alles andere vollkommen vergessend, merkte er doch sofort, wenn irgend etwas geschah, was ihn bei seiner Arbeit störte. Er hielt einen Augenblick inne. »Was machst du?« »Ich esse einen Krapfen«, – und er: »Bitte, geh sofort nach Hause!« Und dann fuhr er, etwas hastiger und etwas blasser als vorher, an genau derselben Stelle fort. Sie kam nicht mehr zu den Proben. Ihre Beziehung blieb gestört, vorbei.

Dabei freute er sich über jedes Gespräch, über jede Hilfe. Und wenn die Bühnenarbeiter, die Requisiten, Möbel – Wände und Stühle – aufgebaut hatten, in den Kulissen dabeiblieben und alles mit tiefster Anteilnahme verfolgten, so beglückte ihn das unendlich. Er wußte genau, daß sie dastanden. Manchmal unterbrach er plötzlich und ging zu ihnen. »Setz dich doch, nimm dir einen Stuhl. Ich freu mich, wenn es dir gefällt.« Er war so dankbar, wenn sie ihn liebten. Sie liebten ihn. Ihr Urteil war nie getrübt. Sie wußten genau Bescheid. Wenn er abends nach der Vorstellung nach Hause wollte und an ihnen vorbeiging, kam ein rasches schnelles Wort: »Na, wie war es heute?« – »Gut Chef, gut, schön.« Dann war er zufrieden.

Besonders bei so schwierigen Stücken wie »Der Familientag« von Eliot brauchte er die Zustimmung und die Mithilfe aller Beteiligten im Theater. Die Kostümbildnerin mußte auf den Proben neben ihm sitzen. Mit dem Kleid, das Sybille Binder als Agatha tragen sollte, beschäftigte er sich stundenlang, aber dann wurde auch etwas daraus. Zum Schluß stand eine so vollendete Erscheinung auf der Bühne, so vollkommen im Stil des Stücks, so vollkommen zu der noblen Form und Aussage ihrer Worte passend, daß ich kaum je einen vollkommeneren Einklang erlebt habe. Es ist nicht oft gespielt worden. In manchen Theatern fehlten dafür einfach die notwendigsten Voraussetzungen – wo kommt schon ein Chor von vier Damen und Herren der Gesellschaft zusammen, die Tee trinken, erzählen, und plötzlich wie ein Chor der Antike sprechen können:

Wir mögen es nicht, wenn wir aus demselben Fenster blicken und eine ganz andere Landschaft sehn.
Wir mögen es nicht, wenn wir eine Treppe hinaufsteigen und spüren, sie führt hinunter.
Wir mögen es nicht, wenn wir zur Tür hinausgehen und uns wieder im selben Zimmer befinden.
Wir mögen das Labyrinth im Garten nicht, weil es dem Labyrinth im Gehirn zu ähnlich ist.
Wir mögen nicht, was geschieht, wenn wir wach sind, weil es dem zu ähnlich ist, was geschieht, wenn wir schlafen.
Wir verstehen uns auf die alltäglichen Dinge des Lebens,
Wir wissen Maschinen zu bedienen,

wir können die üblichen Unfälle vermeiden,
Wir sind versichert gegen Feuer,
gegen Diebstahl und Krankheit,
gegen Wasserschäden,
doch nicht gegen höhere Gewalt.
Wir kennen verschiedene Sprüche und Zauber,
Und kleinere Arten von Zauberei,
Von Wahrsagerei und Chiromantie,
Spezialmittel gegen Schlaflosigkeit,
Hexenschuß und den Verlust von Geld.
Aber der Kreis unseres Verständnisses
Ist ein sehr begrenzter Bereich.
Abgesehen von einer beschränkten Zahl
von rein praktischen Handlungen
wissen wir nicht, was wir tun;
Und wenn wir's recht bedenken,
wissen wir nicht viel vom Denken.
Was geschieht außerhalb unseres Kreises?
Und was ist der Sinn des Geschehens?
Was liegt im Hinterhalt jenseits der Heide
Und hinter den Thingsteinen?
Hinter den Hünengräbern
Und hinter dem Lächeln des Monds?
Und was geschieht mit uns?
Und was sind wir, und was tun wir?
Und auf all und jede dieser Fragen
Gibt es keine faßliche Antwort
Uns traf viel mehr als ein persönlicher Verlust –
Wir verloren unseren Weg im Dunkeln.

Als wir aus Edinburgh von den Festspielen kamen, hatte Gründgens Sybille Binder in London besucht. Er hatte sie nicht mehr gesehen, seit sie Deutschland verlassen hatte. Sie kam dann, von ihm gelockt, wieder herüber und saß zusammen mit uns in der Garderobe in Düsseldorf. Sie litt lange Jahre an einer schweren Krankheit, klagte und jammerte nie, und es gelang ihr, bis zum schmerzhaftesten Ende alles auf eine nachahmenswerte Weise durchzustehen.

Während der Proben zu den »Fliegen« rief Gründgens mich immer wieder an.
»Sprich ein paar Sätze, ich bitte dich.«
»Ja. Sag, was du hören willst.«
»Nein, sag du.«
Also: »Erkennst Du mich nicht, Fremder? Vor zwanzig Jahren war ich die schönste Frau in Griechenland. Schau mein Gesicht an und sieh, was das Leben aus mir gemacht hat. Wenn ich etwas gewonnen habe, weil ich mich zu Grunde richtete, so das, daß ich jetzt nichts mehr fürchten muß.«
Oder:
»Du bist jung, Elektra, und wer jung ist und noch keine Zeit hatte, Böses zu tun, hat leicht richten. Aber gedulde dich, eines Tages wirst du ein nicht wieder gutzumachendes Verbrechen hinter dir herziehen. Es wird da sein, hundert Mal verleug-

net, unabänderlich da, um dich rückwärts zu ziehen, und dann wirst du wissen, daß du dein Leben auf einen einzigen Wurf gesetzt hast ein für allemal und daß dir nichts anderes mehr übrig bleibt, als dein Verbrechen bis zum Tode hinter dir herzuziehen.«

»Weiter«, sagte Gustaf, »weiter«.

»Nicht der Tod des alten Ziegenbockes ist es, den ich bedaure. Als ich ihn in seinem Bade bluten sah, habe ich vor Freude gesungen, ich habe getanzt, und noch jetzt, nach zwanzig Jahren, denke ich mit einem Freudenschauer daran. Aber ich hatte einen Sohn, der wäre so alt wie du jetzt, ehe Ägisth ihn den Söldnern übergab.«

»Herrlich«, sagte Gustaf, »ich mag das Stück zu gern. Wenn nur schon die Premiere wäre und wir könnten es spielen.«

Gründgens sagte: »Du mußt als Klytämnestra ganz fabelhaft aussehen. In weißer Seide, in ganz weißer starrer Seide. Und dann mußt du einen Mantel bekommen, ganz dunkelrot oder lila drüber, und dann ganz lange rote Haare, da muß etwas hineingeflochten sein, ganz tolle Steine, auch in dunkelrot.« Ein paar Tage später sagte er: »Weißt du, ich habe mir das alles noch einmal überlegt. Das Kleid muß schon Seide sein, aber darüber muß ein einfacher Mantel sein, aus Wolle – eine schöne Farbe, aber es dürfte nicht Seide sein, es müßte Wolle sein.« – »Fein«, sagte ich. Dann Gründgens etwas später: »Weißt du, ich habe noch einmal überlegt, sie müßte ganz arm aussehen, fast in Lumpen, und in die Haare müßte Asche gestreut sein, ein Fetzen von einem alten Tuch, vollkommen verwahrlost, müßte über sie geworfen werden. Weißt du – es müßte doch gezeigt werden, daß dort Krieg war, und daß Agamemnon zu einer Frau zurückkehrt, die zeigen will, daß sie Anteil genommen hatte an ihrem Mann, der im Krieg war.« »Ja«, sagte ich, »ich versteh dich!«

Alle Erfolge in diesen Jahren waren nur durch größte Hingabe und große Konzentration zu erreichen. Anders wäre es nie möglich gewesen, daß diese Zeit fast etwas Legendäres bekam. Von diesen Vorstellungen gibt es Bilder und Bücher, Erzählungen und Geschichten, und die fremdesten Leute lächeln, wenn sie daran denken oder davon sprechen. Natürlich gehörte auch die Bereitschaft des Publikums dazu, mit großer Leidenschaft alles aufzunehmen, was vom Theater geboten wurde. Alles wurde dankbar angenommen, gierig ergriffen, wie ein langentbehrtes Mahl verzehrt und ihren immer hungernden Gedanken eingegeben. Der Zwang, stets das Äußerste herzugeben, stets zu der äußersten Leistung fähig

zu sein, ist nur möglich unter gleichzeitiger vollkommener Aufgabe aller anderen Möglichkeiten des Lebens. Aber dies war unsere Möglichkeit, Theater zu spielen. Das wollten wir, und jeder Verzicht war uns recht, das möglich zu machen.
Es kamen oft Einladungen, telefonisch oder in freundlich und reizend geschriebenen Briefen, aber wir gingen niemals irgendwohin. Wir gingen in die Proben und gingen ins Theater; sonst blieben wir zu Hause. Bei Gründgens war es genau so.
Leidend unter seinen Schwächezuständen und leidend unter den Zuständen, in die ihn seine Natur hineintrieb und hineinversetzte, unter den bösen Augenblicken, in denen er lächelnd neben uns stand, lächelnd und ganz unbeteiligt, uns aber hineintreibend und hineinhetzend in Situationen, mit denen man so schnell nicht fertig wurde. Wie sehr, wie unendlich bewunderten wir im zweiten Teil des »Faust«, der später in Hamburg gespielt wurde, die Grablegung von Mephisto. Jeden Abend, bei jeder Aufführung standen wir dabei und sahen, wie Mephisto auf sein Grab zuschritt. Mit welcher Kraft und Entschlossenheit, sich immer noch als Sieger fühlend und sich zum Sieg des Bösen bekennend, wurde diese Rolle gespielt! Ein Teil der Welt wurde sichtbar.

»Vorbei! Ein dummes Wort. Warum vorbei?
Vorbei und reines Nicht, vollkommnes Einerlei,
Was soll uns denn das ew'ge Schaffen!
Geschaffenes zu nichts hinwegzuraffen!
›Da ist's vorbei!‹ Was ist daran zu lesen?
Es ist so gut, als wär' es nicht gewesen.
Und treibt sich doch im Kreis, als wenn es wäre.
Ich liebte mir dafür das Ewig-Leere.«

Die ungeheure Spannung, die sich auf ihn legte, von dem Moment an, da er morgens ins Theater kam und seine Intendanzgeschäfte aufnahm, selber Proben hatte als Regisseur oder als Schauspieler, oder selber abends spielte, oder abends ins Theater kam, alles zu beobachten, um alles in Ordnung zu bringen. Wann hätte er Zeit für anderes haben sollen? Seine Körperkräfte wurden aufgezehrt von seinen Rollen. Sie fraßen an ihm. Sie fraßen ihn auf. Sie fraßen an uns allen. Manchmal kamen wir uns vor wie Geister oder Gespenster, die mit dem gewöhnlichen Ablauf des Existierens fast nichts mehr zu tun hatten und nur im Theater mit wirklichem, feurigem Leben und mit einer bedrohlichen und fürchterlichen Glut erfüllt wurden.

Aber trotz all dieser Schwierigkeiten, trotz dieser oft beklemmenden Umstände hatte niemals einer daran gedacht, dieses Leben zu ändern, zu ver-

ändern, es den allgemeinen menschlichen Bedingungen anzupassen.
Was hätten wir eintauschen sollen? Ehe, Leben zu zweit, Leben zu dritt, zu viert?
Gesellschaften, Partys, Begegnungen, ein paar hingeworfene Sätze, ein paar geschickte Erzählungen – und das Interesse schon wieder vorbei.
Wir wollten nichts eintauschen, wir wollten es so, wie es war und wie es sein mußte.
Das Erstaunliche daran war, daß das Publikum diese Zustände mitfühlte oder mitzumachen schien, nein, sie geradezu wollte und herausforderte. Es gab Vorstellungen, in denen der Zuschauerraum von einer solchen Stille erfüllt war, daß man glauben konnte, niemand sei unten. Niemand. Neunhundert Menschen, und keine Bewegung. Atemlosigkeit. Und zum Schluß der Applaus, das Betroffensein, die Beteiligung. Wozu kommen sie sonst? Sie wollten sich beteiligen und eine Form des Daseins erreichen, die ihrem persönlichen Zustand weit überlegen ist. Deshalb kommen sie.
Das war die einzige Freude für uns, die einzige, die größte, die unüberbietbare Freude. Die Proben, die Vorstellungen, der Genuß daran. Nur das. Das war unser Leben, sonst nichts. Das beste Leben, das es gibt.

Wir waren von 1947 bis 1954 in Düsseldorf.

Sieben Jahre. Als ich schon lange von Düsseldorf fort war und einmal zurückkam, traf ich auf der Königsallee einen der jungen Arbeiter, die damals beim Auf- und Abbau der Bühne beschäftigt waren und an allem fast den gleichen Anteil nahmen wie die Schauspieler selbst. Er stürzte auf mich zu und sah mir mit einer wilden und heftigen Verzweiflung ins Gesicht. »Wir können es nicht vergessen. Er war so wunderbar. Wir können es nicht vergessen.«

8

Dann gingen wir nach Hamburg. Wieder etwas neues, wieder etwas anderes, und ganz anders als Düsseldorf.
Die ersten Jahre nach dem Krieg waren vorbei, schon war alles wieder da: neue Häuser, Gärten, Geld, zu essen, zu trinken, viel Geld, Autos, Segelboote, Segeljachten und schon ein bißchen weniger Interesse, herabgeminderte Bereitwilligkeit, das Engagement nicht mehr so unbedingt. Aber das Theater ausabonniert. Und sonntags: Beugen Sie die Knie und danken Sie Gott dem Herrn! Wofür? Da fing es schon an, daß immer weniger kamen, die das hören wollten.

Gründgens erwartete mich in der Halle des »Atlantic« in Hamburg. Wir wollten in die Premiere von »Prinz von Homburg« in der Staatsoper gehen.
Henze hatte die Musik gemacht, Käutner inszeniert und Ingeborg Bachmann den Text bearbeitet.

Als ich herunterkam, sah ich Frau Käutner beim Portier stehen, daneben Gründgens, er hatte seinen Hut in der Hand und lächelte ihr zu.
Sie trug ein großes rotes Abendkleid, plissiert, mit Brillantspangen auf den Schultern. Sie sah schön aus.
Gustaf merkte, daß ich kam, eine kleine Falte erschien auf seiner Stirn, Stimme voll Spott: »So diskret, ganz in Schwarz?« Frau Käutner eilte, fortzukommen; wir stiegen in den Wagen, einer sah rechts zum Fenster hinaus, der andere links, keiner sprach ein Wort. In der Oper war es wie immer, wir setzten uns auf unsere Plätze, das Licht ging aus, Musik und Anfang, der Vorhang öffnete sich.
Plötzlich besänftigt, interessiert an dem, was kommen würde, beugte er sich noch einmal zu mir herüber: »Dein Kleid ist wunderbar.« So saßen wir, friedlich, freundlich, aber nur kurze Zeit, eine Stunde nur, dann kamen andere Wünsche. Nicht mehr still sitzen zu müssen zwischen all den Menschen, fort zu können, zu entschwinden, und ohne daß wir auch nur die Blicke zueinander wandten oder etwas darüber sagten, gelang es uns aufzubrechen. Wir stiegen auf wie der Rauch aus zwei Feuern, die von der Musik angeheizt wurden, von den Stimmen der Sänger, von unserer Nähe. Wir stiegen auf, verließen uns und ließen unsere Figurinen sitzen. Wir

saßen nach wie vor auf unseren Plätzen, aber wir waren fort. Zwei leere Körper, an die Stuhllehnen gelehnt, aufmerksam auf die Bühne schauend, blieben zurück.
Seid ruhig, still, daß niemand etwas merkt.
Und schon waren wir auf der Straße, schwebend, flanierend, die gedämpften Lichter waren so schön, die goldene Kirchturmuhr unter dem grünen Dach, die Abendluft, der Wind – welche Stadt ist das? – ich weiß es nicht; bester Laune. Keine weitere Verständigung über einen Zustand, der bei beiden gleichzeitig eingetreten war. Sag, wie heißt noch der Sänger, der heute abend den Prinzen sang? – und erinnerst du dich noch, Horst Caspar als Prinz von Homburg in der Vorstellung in Berlin?
Ja, ja, genau, genau – wie er dasteht, als er weiß, daß er sterben muß, und er nimmt die Blume in die Hand, um die er gebeten hat, und hält sie an seine Augen:
»Wie die Nachtviolen duften, danke, Lieber, ich werde sie mir morgen zu Hause ins Wasser stellen.«
Unvergeßlich, sagte Gründgens, unvergeßlich. Er sagte es ganz leise, zart, er hatte den Kopf gesenkt, das alles ist unvergeßlich. Unvergeßlich, sagte er noch einmal.
Komm zurück, sonst ist alles vorbei, ja, ja, und wir verließen den Teil der Welt, in dem wir uns

aufgehalten hatten, und saßen nebeneinander auf unseren Plätzen wie alle andern auch. Applaus, Vorhang, Vorhang.
Unsere Mäntel wurden gebracht. Gründgens nahm ein Taxi, ich nahm ein Taxi. Schlaf schön, gute Nacht.

»Hör zu«, sagte Gründgens, »der Klaus Juncker vom Rowohlt Verlag hat ein Stück gebracht von Lawrence Durrell – »Sappho«.
Lies es doch mal.«

»Sappho« ist außer in Hamburg nur noch ein- oder zweimal gespielt worden. Es war auch kein Theaterstück im üblichen Sinn. Es bot nur die Möglichkeit, einige Personen in außergewöhnlichen Lebensumständen auf die Bühne zu bringen und sie zu erklären. Durrell saß oft im Zuschauerraum. Ich habe fast alle seine Bücher gelesen – »Justine«, »Clea«, seine Reisebücher. Ein kleiner Mann, etwas untersetzt, mit einem lebhaften Gesicht, voller Neugierde und von ungeheuerster Anteilnahme an allen Dingen, die um ihn herum passierten. Er verstand kein Wort Deutsch. Aber er verfolgte alles so intensiv und erstaunt, mit der Freude eines Kindes, das plötzlich Geschichten, die es erfunden hat, in Wirklichkeit sieht.

Es ist wahr, die Proben waren schwierig. Wir wußten nicht, wie das Ganze zu handhaben war. Ein Schauspiel, eine Tragödie? Nein, nein, eine Tragödie wohl doch auf keinen Fall. Wie sollte man das spielen?
Für Sappho wird ein Geschenk gebracht. Auf einem Kissen wird mir ein abgehauener Arm, noch blutend, gebracht, an dessen Handgelenk ein großes Schmuckstück glitzert. Dieses Schmuckstück soll mir als Geschenk angeboten werden. Fahre ich vor dem Arm, vor dem Blut, vor der seltsamen Verpackung eines Andenkens aus dem Kriege entsetzt zurück – oder bin ich eine heitere Person, die über solche Dinge nur lacht und sich freut, ein Geschenk zu erhalten?
Ich glaube, außer Gründgens wäre kaum jemand imstande gewesen, dieses Stück lebendig zu machen. Maximilian Schell spielte den Liebhaber. Schomberg spielte den Freund. Jeder gab sich die größte Mühe, aber es war eben doch fast kein Stück, es waren eigentlich nur Gedanken.
Dann kam ein Akt: »Ein Fest bei Sappho«. Ja, was für ein Fest? Ein griechisches Fest mit Wein und Hetären?
Es war auch gar nichts näher beschrieben, woran man sich hätte halten können.
Ein griechisches Fest – wie soll das sein? Wir wußten es nicht.
Heiter? Ernst? Wie sahen die Menschen damals

aus? War Krieg, war Frieden? Herrschte ein König oder ein Diktator?
Ich sollte eine Laute haben und Zeilen eines Gedichtes sprechen. Das war angegeben.
Ich fing also an.
»Nein, nein«, schrie Gründgens von unten, »wie dumm du bist; so kann das nicht sein, so ist das nicht gewollt – viel strenger, viel knapper, ein kühles Fest, anders als alles andere.«
Ich merkte, wie die Kollegen sich zerstreuten, Kaffee tranken, Zigaretten rauchten, um uns herum war es plötzlich ganz still, nur von draußen der Lärm der Stadt, Hamburg, Weltstadt.
Und mühelos, ohne tiefe Atemzüge, schien es, als sei ich tausende Jahre zurück in einem Haus am Meer. Ich hörte das Meer, ich fühlte, wie die Nacht kam, ich sah Freunde im Park auf mein Haus zugehen, ich ging ihnen entgegen und sprach die Zeilen des Gedichts, die ich sagen sollte, vor mich hin, aber jetzt richtig, ganz genau richtig, und Gründgens stand da und sah nach oben in den Schnürboden, aus dem einzelne schwarze Vorhänge und bunt bemalte Teile des Bühnenbildes herunterhingen. »Gustaf«, sagte ich, »hör zu, so ist es.«
Und ich wußte: jetzt vorwärts, noch ein oder zwei Schritte vorwärts, und ich finde die zugeschütteten Gärten, betrete die verschütteten Wege dorthin und kehre dann nie mehr zurück. Wozu

auch? Für was? Für unsere mühsamen Überlegungen, unser oft lächerliches Bemühen – tritt doch von links auf, nein, komm doch lieber von rechts, macht doch ein bißchen Musik dazu, vier Akte, nein, kürzer, kürzer, die Leute können nicht mehr so lange stillsitzen, halb elf muß alles aus sein, die Hast an der Garderobe, ausabonniert, und ich wußte doch, daß noch irgendwo eine Tür war, hinter der sich ganz lautlos, ganz still, alles verbarg. Das, was man immer wissen wollte, das, um dessentwillen man das alles machte, die Worte der Propheten, der Geist, der zu Hamlet kommt: Hamlet, hör zu, ich künde dir, was keiner weiß, was keines Menschen Ohr vernommen.
Wo war das alles?
Ich wollte schreien, schrie auch, wollte sprechen, stotterte – Gründgens sah mich an, drehte sich um, wollte gehen, sah noch einmal zu mir herüber und verließ mit knappen, schnellen Schritten die Bühne.
Ich ging auch. Die Probe war vorbei.

Eine Einladung nach Madeira:

Gustaf Gründgens 8. 6. 59

Liebe Flicki!
Nach gestern: glaubst Du nicht, daß wir uns wunderbar vertragen würden, wenn wir den Juli zusammen in Madeira verbrächten?
Ich fahre ganz alleine hin, und es ist eigentlich niemand da, der einen kennt.
Das Hotel ist sehr hübsch, bißchen englisch mit abends Smoking und kleinem Abendkleid und erst ein, zwei Abende mit größerer Robe, wenn man Lust hat. Andererseits habe ich zwei Zimmer, die direkt in den Park gehen, und man muß das Hotel nie betreten, wenn man nicht will, da man immer auf seiner kleinen Terrasse und im Zimmer essen kann.
Es ist ein eigener Strand da, zwischen den Felsen ausbetoniert, mit keinem Sand.
Allerdings, es ist keine Abwechslung, kein Kino, keine Bars oder sonst etwas; man muß Wärme mögen (nicht Hitze) und eben Meer vertragen können. Wir würden am 2. Juli von München nach Lissabon fliegen, am 3. Juli von Lissabon mit einem schönen großen Schiff (Patricia) in zwei knappen Tagen nach Madeira fahren; am 3. August mit schönem Schiff (Mozambique) zurück, und am 6./7. August in Hamburg sein können.

Man kann wundervolle Ausflüge machen (ich miete uns ein Auto) und jedes Klima haben, was wir wollen. Berge bis 1200, bis 1500 m.
Hier sind ein paar Bilder vom Hotel und von der Seeseite. Für mich gibt es nichts Schöneres.
Allerdings, es ist das Gegenteil von Deinem Haus; aber an manchen Sommerabenden zum Weinen schön, immer wird ein anderer Heiliger mit ein bißchen Feuerwerk gefeiert, und alle Leute sind unfaßlich herzlich, unkompliziert und bereitwillig.
Überlege es Dir, ob Du diese Wochen mein Gast sein willst; mich würde es sehr glücklich machen. Wir werden nicht aufhören, uns zu bedauern, wie schlicht und simpel wir sind, und werden einander die verständnisvollsten Zuhörer sein.
No complications, kein Zwang zur Geselligkeit, keine Rücksichtnahme auf was auch immer, nicht die Maskerade, wo jeder tun und lassen kann, was er will, so könnte es eine anmutige, unangestrengte Zeit werden. Ich kann Dir viele kleine Fischerdörfer zeigen. Eukalyptuswälder, Orchideenwälder, Dörfer, wo alle Mädchen vor den Türen sitzen und sticken und Sonnenuntergänge und und und

alles Liebe
Gustaf

Ich bin nicht hingefahren.

Warum fühlte ich mich nur plötzlich so schlecht? Ich hatte mittags nur eine Tasse Kaffee getrunken. Dann wollte ich in die Stadt fahren. Abends war Vorstellung, und ich wollte noch etwas besorgen. Ich ging am Ballindamm entlang, eine Straße, die direkt an der Alster entlangführt. Es war März. Ein kalter Wind, vermischt mit der Feuchtigkeit, die aus dem Wasser kam, ein böser Wind. Nordwind. Ich weiß nicht, warum ich mich nicht konzentrieren konnte. Ich blieb vor den Geschäften stehen, aber ich sah nichts. Es war, als könnte ich überhaupt nicht mehr richtig sehen. Dann hatte ich ein Gefühl von Schwindel; ich drehte mich um, blieb stehen, eine merkwürdige Verlorenheit auf dieser großen Straße kam über mich – ich wollte nichts mehr, ich wollte nur noch in meine Garderobe ins Theater kommen.

Dort legte ich mich hin. Ich fror. Dann kam die Garderobiere, die schon immer zwei Stunden vor der Aufführung da war, und beugte sich über mich. »Geht es nicht so gut?« fragte sie. »Es ist so kalt, bitte, mach mir einen Tee oder irgend etwas.« Ich trank den Tee und schlief einen Augenblick ein. Aber es war kein richtiger Schlaf. Ich hörte, wie die Türen schlugen, wie die Arbeiter kamen und auf die Bühne gingen. Dann fragte ich: »Wie spät ist es?« Gleich sieben! Ich stand auf, setzte mich vor meinen Spiegeltisch, sah mich im Spiegel und schloß die Augen wieder.

Mir wurde schwindlig, ich legte mich wieder hin. Dann hörte ich die Kollegen kommen. Das Auto von Gründgens hielt vor der Tür. Abends war »Wallenstein«; ich spielte die Terzky.
Meine Kleider hingen auf Bügeln an der weißen Wand neben der Tür. Ein dunkelgrünes Kleid, ein schwarzes und noch eins. Ich sah immer zu den Kleidern hin, sie schienen sich ins Unendliche auszudehnen, unendliche, riesige Gewänder hingen an der Wand. Beängstigend. Ich schloß wieder die Augen. »Ruf mal den Arzt an«, sagte ich. Dann bekam ich so furchtbare Schmerzen, daß mir die Tränen in die Augen traten und ich die Lippen fest aufeinanderpreßte, um nicht laut aufzuschreien. »Schnell«, sagte ich, »schnell, holt den Arzt!« Dann hatte ich kein Bewußtsein mehr, ich wußte nicht mehr, wie ich war und wo ich war und lag – nur noch die entsetzlichen Schmerzen in der Brust.
Plötzlich war der Arzt da und setzte sich neben mich. »Was ist denn?« Ich legte ihm meine Arme um den Hals, ganz leicht, weil ich mich kaum bewegen konnte, und sagte: »Doktor, ich glaube, ich sterbe!« Ich merkte, wie er die Spritze aufzog, wie ich die Spritze bekam, wie ein entsetzliches Herzklopfen einsetzte. Ich merkte, wie die Tür aufging und Gründgens hereinkam, ganz leise hereinkam, und fragte: »Was ist denn, was ist denn?« Dann ging er wieder.

In dem ganzen riesigen Haus war alles plötzlich totenstill, und dann wußte ich nichts mehr.
Das dauerte fast zwei Stunden. Dann flüsterte mir der Arzt zu: »Jetzt heben wir Sie hoch, und Sie kommen ins Krankenhaus; Sie brauchen sich gar nicht zu bewegen, bleiben Sie ganz still liegen!« »Nein«, sagte ich, »nein, bitte nicht ins Krankenhaus!«
Ja, wohin denn? »Nach Hause«, sagte ich.
Sanitäter kamen, hoben mich hoch und legten mich auf eine Bahre, und ich wurde über die Elbchaussee nach Hause gefahren. Meine Mutter und meine Schwester warteten schon. Am nächsten Tag kam ein Professor aus der Stadt mit zwei Schwestern und einem Apparat, der alles feststellte. Ich mußte drei Wochen vollkommen still liegen, keine Bewegung, kein Nachdenken, nichts bedenken, keine Gedanken, gar nichts, nur still liegen.
Dann tauchte ich wieder auf. Eine Welle trug mich wieder hoch und ich sagte: »So, jetzt fahre ich fort, in mein Haus.«
Nein, nein, hieß es, um Gotteswillen, die weite Reise bis München und dann die Fahrt mit dem Auto, das Klima in den Bergen – unmöglich! Aber ich wollte es so, und es ging.

Einige Monate später traf ich einen Kollegen beim Rundfunk in Stuttgart, der das gleiche gehabt hatte. »Weißt du«, sagte er, »ich wage nicht mehr, allein zu schlafen. Ich habe solche Angst, mich nachts allein schlafen zu legen und zu denken, es kommt plötzlich wieder und zerreißt mich, und ich bin tot.«

Herzinfarkt. Was ist das überhaupt für ein Wort?

»Ja«, sagte ich, »wer bleibt denn bei dir?«

»Meine Schwägerin, oder mein Schwager oder meine Tochter – es muß einfach immer irgend jemand da sein.«

Ich umarmte ihn. Vergiß es, sagte ich, vergiß es! Er drückte mir die Hand. Ich erschrak. Sein Fleisch fühlte sich so unendlich weich an, so porös. Seine Haut war feucht. Einige Wochen später hörte ich, daß er nachts allein in seiner Wohnung gestorben war.

Rosa schlief bei mir nebenan. Die Fenster standen immer weit offen, der Mondschein wanderte durch die Zimmer, durch das vordere Fenster, dann weiter – alles war hell –, bis die Morgenröte kam. Ich hörte Rosa leise aufstehen und sich anziehen. Wieder eine Nacht vorbei. Wenn ich nicht schlafen konnte, merkte Rosa es gleich. Dann setzten wir uns beide vors Haus, und sie erzählte irgend etwas von zu Hause, von früher, von ihrer vielen Arbeit, von Tieren, die noch lebten oder lange tot waren. Ihre Stimme war so leise, so friedlich, wie der Nachtwind oder wie das Geräusch der sich bewegenden Blätter an den Bäumen. Nach einigen Wochen fuhr ich nach Hamburg zurück und spielte den »Besuch der alten Dame« von Dürrenmatt.

Gustaf hatte etwas gegen das Stück. »Nein«, sagte er, »das mag ich nicht«. Aber dann hörte er von überall, daß es gespielt wurde, daß es ein großer Erfolg war, daß es ein modernes Stück war, bis er sich noch einmal darum bemühte und darüber nachdachte und schließlich Antje Weisgerber und mich einlud, die Vorstellung in den Münchener Kammerspielen zu besuchen. Wir aßen bei Humpelmayr zu Abend, und Gustaf flirtete heftig mit Antje, und Antje scherzte und lachte und sah wunderbar aus. Nachher saßen wir in den Kammerspielen in der Loge direkt neben der Bühne.

Mir gefiel das Stück außerordentlich, auch die Aufführung, die Merkwürdigkeit des Themas und seine Brutalität fesselten mich unendlich; ich beobachtete Gustaf von der Seite und sah, wie intensiv er den Ablauf der Vorstellung beobachtete und verfolgte. Aber dann merkte ich, daß er wieder den Kopf schüttelte und mit einigen Sachen nicht einverstanden war. Es war manchmal so schwer, ihn zu überzeugen. Wie gerne hätte ich die »Tätowierte Rose« gespielt!

Nein, nein, er sah in diesem Stück nur eine Unterhaltung, etwas Belangloses, und das lehnte er auf dem Theater ab. Doch als wir in Hamburg waren, wurde immer wieder von Dürrenmatts Stück gesprochen, und schließlich merkte er, daß so viel Interesse vorhanden war, daß es aufgeführt werden mußte. Ich wollte es gerne machen, ich hatte nur einige Gedanken, es zu ändern, es anders zu spielen. Wir sprachen darüber, und es wurde auch alles bewilligt. Ulrich Erfurth hatte die Regie.

Wir probierten vier Wochen lang, dann kamen wir zur Generalprobe. Wir waren alle begeistert und entzückt und lobten unseren Regisseur und uns selber und waren ganz zufrieden. Ein merkwürdiger Zustand, wenn man sich wochenlang mit einer einzigen Sache beschäftigt hat, wenn man geglaubt hat, alles genau zu kennen, alles ausgesprochen hat, alles dazu getan hat, was man glaubt tun zu können. Man ist zufrieden, aber irgendwo sitzt ein Klumpen, ein Brocken, ein festes Gebilde von Angst, von Zweifel. Man wacht nachts auf, nachts um zwei Uhr, und kann nicht schlafen, die Knie zittern einem im Bett, man fängt an aufzustehen und hin und her zu gehen.

Die Nacht vergeht, der Morgen kommt, man trinkt hastig seinen Kaffee und geht auf die Probe, um sich mit um so größerer Intensität und

um so größerem Verlangen wieder in die Arbeit zu stürzen und zu versuchen, seine Zweifel zu besiegen.
Gustaf kam auf die Generalprobe. Vorher telefonierte er mit mir. »Wie ist es denn?« »Ach«, sagte ich, »ich glaube, es ist ganz wunderbar.« Am Telefon hörte ich eine kleine Pause. »Gut«, sagte er, »ich komme nachher.« Die Probe ging vorüber. Es war unterdessen halb drei Uhr nachmittags geworden. Eine unangenehme Geschäftigkeit, alles ist müde und abgespannt. Wir hatten während der Pause und auch später aus dem Zuschauerraum von Gustaf überhaupt keine Reaktion gehört, aber wir hatten intensiv und schnell gespielt und hofften das Beste. Die Probe war vorbei, der Vorhang fiel, Gustaf kam auf die Bühne, den Kopf gesenkt, ohne irgend jemand von uns anzusehen. »Einen Stuhl, bitte«, sagte er. Sofort und eilfertig wurde ihm ein Stuhl gebracht. Er setzte sich, wieder den Kopf gesenkt und ohne uns anzusehen. »Es ist furchtbar, eine fürchterliche Vorstellung.« Wir schwiegen alle. Für einige Minuten herrschte vollkommenes Schweigen. Dann kam auch Uli Erfurth und setzte sich zu Gustafs Füßen auf die Erde. »Ja, Chef –« dann räusperte er sich – »ja, Chef, wie meinen Sie denn das?« Ganz klar und ganz hart kam es aus Gustafs Mund. »Was habt ihr euch eigentlich gedacht? Was hast du dir eigentlich

gedacht? Das ist doch keine Regie für dieses Stück, das ist doch alles unmöglich, so ist das doch gar nicht aufzuführen!« Erfurth schwieg, blieb aber am Boden sitzen. Dann sah Gustaf Richard Münch an, der den Lehrer spielte, und schüttelte den Kopf. – »Nein, nein«, sagte er, »was ist das für ein Lehrer! Das ist doch nicht die Figur!« Münch errötete. Dann zu Werner Hinz, der den Ill, meinen früheren Geliebten, darstellte. »Ja«, sagte Gustaf, »mein lieber Werner« – dann kam eine lange Pause, und dann kam ein Blick auf mich – »ja, und du? Was machst du denn bloß? Das ist doch der helle Wahnsinn! Das ist doch alles falsch!« Ich atmete und dachte, gleich falle ich in Ohnmacht. Heute Abend ist Premiere, und ich mit dieser großen Rolle, und jetzt war es schon Nachmittag und ich todmüde – ich konnte nicht mehr. Ich wandte mich um und schlich von der Bühne und ging in meine Garderobe. Niemand hielt mich zurück. In der Garderobe nahm ich meine Perücke ab, zog mein schwarzes Seidenkleid aus, schmiß die hochhackigen Seidenschuhe in die Ecke, nahm all den Schmuck ab, den ich trug, verließ ganz schnell das Theater und ging zu Fuß nach Hause. Dann warf ich mich auf mein Bett – ich konnte nicht mehr. Ich hatte das Gefühl, überhaupt keine Kraft mehr zu haben. Keine Möglichkeit, zu gehen oder zu stehen oder irgend etwas zu tun. Ich versuchte zu schlafen, aber es gelang mir nicht. Ich bekam entsetzliche Kopfschmerzen. Was für ein Zustand! Später klingelte das Telefon; ich ging gar nicht hin. Doch als es Abend wurde und höchste Zeit, ins Theater zu gehen, geschah etwas Merkwürdiges.

Ich wurde von einer unendlichen Wut erfaßt. Ich hatte das Gefühl, diese Wut, dieses Zerren reißt mich auseinander. Aber ich fühlte mich vollkommen frisch, und in meinem Kopf herrschte wieder Klarheit. Herr Gott, dachte ich, Herr Gott, jetzt spiele ich aber, wie ich will und wie ich mir das vorstelle, genau so und nicht anders – und wenn das ganze Theater einstürzt, das ist mir wahrhaftig heute egal.

Ich bestellte mir ein Taxi und fuhr ins Theater. In der Garderobe brannte schon das Licht, und alles war hergerichtet. Lena, die wunderbare Person, stand schon da und hielt meine roten Haare in der Hand und wollte sie mir aufsetzen. Sie fragte etwas vorsichtig: »Wie geht es denn?« »Fabelhaft«, sagte ich, »das siehst du doch wohl.« Ich schminkte mich sorgfältig und genau. Die Perücke saß gut, meine Haut war ganz weiß geschminkt und blieb auch so, obgleich ich das Gefühl hatte, in mir brannten zehntausend Feuer. Ich wurde angezogen, das Kleid saß großartig; ich besah mich im Spiegel, mir gefiel das alles, ich fand es in Ordnung. Und dann die Lust, die ich auf diesen Abend hatte, diese ungeheure Lust, das jetzt zu spielen und zu tun, was ich konnte. Ganz egal, was darnach passieren würde. Die anderen waren nicht ganz so guter Laune wie ich. Sie hatten noch stundenlang auf der Bühne zusammengesessen. Aber durch irgendwelche unergründbaren und nicht kontrollierbaren Geheimnisse kam der Abend in Schwung, in Bewegung. Wir alle wurden von dieser Bewegung erfaßt, und es ging los. In der Pause klopfte es leise, zärtlich und vorsichtig an meiner Tür. Gustaf kam herein und umarmte mich.

»Liebling«, sagte er, »du bist fabelhaft. Ich habe es ja gleich gewußt!«

»Fein«, sagte ich, »es freut mich, wenn es dir gefällt.«

So war es. Und dabei wußte ich nie genau, ob er die ganze Sache am Morgen nur gemacht hatte, um uns in die für den Abend notwendige Hitze und Ekstase zu versetzen, oder ob das alles Dinge waren, die auch Gustaf nicht beabsichtigt hatte und auch nicht leiten und führen konnte.

Auf den Proben von »Vom Teufel geholt« von Knut Hamsun erreichte mich ein Anruf von Gründgens. »Komm doch einmal rauf, ich möchte etwas mit dir besprechen!«

Er stand in seinem Zimmer und sah auf die Straße hinunter, die zum Hamburger Hauptbahnhof führte und wo man ein Hotel beobachten konnte, das schräg gegenüber auf der anderen Seite der Straße lag. Leute gingen ein und aus, Taxis fuhren vor, Gepäck wurde ein- und ausgeladen, Koffer wurden gebracht, Blumen wurden abgegeben, hin und her. »Sieh mal«, sagte Gustaf, »wie lustig das alles zu beobachten ist. Weißt du schon, daß ich als Intendant dieses Theaters zurücktreten will?«

»Nein«, sagte ich, »das weiß ich nicht!«

»Was sagst du dazu?« Gründgens sah mich voller Neugierde an, er war begierig auf meine Antwort, begierig, ob es sich nicht doch schon herumgesprochen hätte, daß er Hamburg verlassen wollte. Er hatte sich in seinen Stuhl gesetzt.

»Was wirst du tun?« fragte ich. Ich fragte genauso heiter, genauso neugierig, wie er mich gefragt hatte.

»Ach, tun«, sagte er, »tun – ich habe ja ein Leben lang etwas getan. Jetzt will ich gar nichts mehr. Ich will verreisen, ich will mir die Welt ansehen. Ich will vom Theater nichts mehr sehen, nichts mehr sehen, gar nichts mehr!«

Ich hatte mich ihm gegenüber auch gesetzt und fühlte, daß ich meine Hände zusammengelegt hatte, weil ich zitterte, und ich sah auf meine Hände. »Ja«, sagte ich, »und was wird dann?«

Da sagte Gründgens: »Dann werden sich alle freuen, wenn ich tot bin!«

»Du willst doch nur verreisen«, sagte ich, »du willst doch nicht gleich sterben?« – Wir sahen uns an und lachten beide, und es war wie vor zweiundzwanzig Jahren in seinem Zimmer am Gendarmenmarkt in Berlin. Wir sprachen zusammen, aber wir meinten immer etwas ganz anderes. Dann holte er aus einer Schublade ein Buch: Bertolt Brecht, las ich; er blätterte und zeigte mit dem Finger eine Zeile: »Da lies!«

»Von diesen Städten wird bleiben, der durch sie hindurchging, der Wind,
und nach uns wird kommen nichts Nennenswertes.«

Wir lächelten wieder.

»Fein«, sagte ich und stand auf, »dann gehe ich jetzt wieder auf meine Probe.«

Er nickte mir zu, lächelnd, aber hinten, hinten in seinen Augenwinkeln war ein Punkt, schwer zu entdecken, ein Punkt von so unendlicher Verzweiflung, von so tiefer Trauer. Ein Punkt nur. Ich schloß die Tür zu seinem Zimmer und ging die große Steintreppe hinab und rutschte aus, fiel über die Treppe, schlug mir den Kopf auf, und mein Gesicht blutete. Niemand sah mich. Im Treppenhaus war alles ganz still. Dann ging ich in meine Garderobe, wusch mir das Gesicht ab und sah mich im Spiegel.

Dann ging ich wieder auf die Probe.

Der Regisseur nahm mich beiseite und flüsterte:

»Na, was war? Weshalb solltest du raufkommen?«
In der Pause fragten die Kollegen: »Sag doch mal, was ist denn los?«
»Nichts«, sagte ich, »gar nichts.«

Die Premiere »Vom Teufel geholt« war ein großer Erfolg. Ich saß mit meinem Bruder hinterher im »Atlantic«. Ein Bote kam und brachte ein Blitztelegramm.

Liebe Flicki!
So großartig wie heute habe ich Dich noch nie gesehen. Ich liebe Dich, ich verehre Dich.
Gustaf

Das letzte Mal sah ich Gustaf in »Don Carlos« als König Philipp. Er hatte mich gebeten, auf die Proben zu kommen. Aber ich hatte es nie getan. Ich weiß nicht, was mich abhielt – Angst oder Befangenheit oder Scheu, ihn in dieser Rolle zu sehen; ich wußte, daß er sie unendlich liebte, und daß er jahrelang darauf gewartet hatte, sie zu spielen.
Schließlich hielt ich es nicht mehr aus. Es war die zweite Hauptprobe, alles sollte schon im Kostüm sein und in der Dekoration – das wollte ich sehen!

Die Fotografen sollten schon kommen, und im Zuschauerraum würden so viele neugierige und interessierte Beteiligte und Kollegen sitzen, daß ich mich sicher schnell und unauffällig hinter irgendwem hinsetzen konnte. Ich ging hinein, als es eben angefangen hatte.

Der Zuschauerraum war schon dunkel, und auf der Bühne war eben der König, also Gustaf, aufgetreten und stand der Königin gegenüber. Antje Weisgerber war die Königin. Sie war für ihre Rolle vollkommen fertig in Kostüm und Maske angekleidet, aber Gustaf sah merkwürdig aus. Ich erschrak tief. Mich ergriff ein Gefühl von Panik, von so tiefer Verzweiflung, daß ich am liebsten sofort wieder aufgesprungen wäre. Beim Auftritt hatte er den Hut, einen hohen schwarzen Samthut, auf dem Kopf; dann nahm er den Hut ab, um die Königin zu grüßen, und hielt ihn in seiner Hand, die von einem großen schwarzen Lederhandschuh vollkommen bedeckt war. Dazu trug er aber seine private Kleidung, einen schwarzen Rollkragenpullover und eine graue Hose. Im Gesicht war er totenbleich und von einem so tödlichen und grausigen Ernst erfüllt, daß mir plötzlich die Tränen in die Augen traten und ich wie auf ein unerhörtes Schauspiel, das dort oben stattfinden sollte, hinstarrte.

Plötzlich drehte Gustaf sich um und machte eine Pause. »Moment mal«, sagte er. Dann trat er

einen Schritt vor, sah in den Zuschauerraum und fragte: »Bist du da?« Ich wußte sofort, daß ich gemeint war. »Ja«, sagte ich, »hier!«
»Komm herauf!« sagte er. Ich ging durch den dunklen Zuschauerraum schnell auf die Bühne und blieb in der Kulisse stehen.
Gustaf kam zu mir. Wenn ich jemals in meinem Leben das Gefühl gehabt habe, daß ich einem Menschen hätte helfen mögen oder irgend etwas hätte tun können, was zur Hilfe geeignet war, dann war es in diesem Augenblick.
Gustaf hatte die Augen geschlossen. Jetzt sah sein Gesicht noch blasser aus als vorher. »Ich weiß nicht«, sagte er, »es geht mir nicht so gut, ich glaube, heute bin ich nicht gut. Geh lieber nach Hause.«
»Ja«, sagte ich, »ich wollte es gern sehen, du bist sicher wunderbar. Ich sehe jetzt schon, daß du wunderbar bist, aber ich geh dann jetzt nach Hause und komme ein anderes Mal.« Dann lächelten wir uns an und ich ging. Und die Probe ging weiter; ich ging nach Hause. Später habe ich dann noch einmal die ganze Vorstellung gesehen.
Es war die letzte Rolle, die er gespielt hat.

Es ist kaum zu verstehen, warum nach dem Tod in Manila alles so schwierig war. Nur noch Schwierigkeiten. Zum Beispiel ein Stück mit drei Personen, ein modernes Stück, ein moderner französischer Autor. Was soll so schwer dabei sein?
Es ist wahr, mit dem Regisseur gab es in den ersten Tagen schon Krach. Nicht von mir aus, aber von einem Kollegen, der sich nicht richtig behandelt fühlte. Der Regisseur mußte ausgewechselt werden. Es kam ein anderer, der großes Interesse an der Arbeit zeigte, aber sich natürlich erst mit der Sache beschäftigen mußte. Darüber verging viel Zeit, und wir waren an einen festen Termin gebunden. Es sollte bald Premiere sein. Doch nach kurzer Zeit zeigte sich, daß wir auch mit dem neuen Regisseur große Schwierigkeiten haben würden.
Der zweite Akt spielt in einer Bar in Paris. Das stand als Anweisung im Text. Eine Bar in Paris. Ja, aber wie stellte man sich denn das vor ...
Da wurden Ziegelsteine genommen und eine Bar aufgebaut; und dann war da ein lila rundes Sofa und zwei lila Stühle, und dann noch ein paar Stühle. Sonst nichts. Eine Bar in Paris.
Dann stand da weiter im Text: Zuschauer und Tänzer sind in der Bar. Gut also – Franzosen. Französische Menschen. Aber es wurden einige

Mädchen engagiert, hübsche, blonde, schlanke Mädchen mit kurzen Röcken und schlanken Beinen; es schien mir nicht ganz das Richtige.
»Könnte man nicht vielleicht . . .?«
Nein, nein! Nein, die sind schon gut so!
Also gut.
Dann sollte ich den ganzen Akt lang auf dem lila Sofa sitzen bleiben. Keine Bewegung, kein Eingreifen, keine Handlung! Nichts. Ich saß auf dem Sofa. Na, dachte ich, da muß ich nun sitzen. Und ganz leise und ganz vorsichtig . . . »Ja, ist es denn nicht möglich, daß ich . . .« Nein, nein, das ist schon gut so!
Der Kollege fing an zu trinken, was bei ihm immer ein Zeichen von Verzweiflung und Erschöpfung war. Aber wir kamen wie üblich zur Probe, wir ließen uns nichts anmerken. Wir dachten, es wird schon gehen. Aber es ging nicht. Nach kurzer Zeit schon alles Gestrüpp und Dornen, in denen sich alles verfing und hängenblieb. Wir wurden feindselig gegeneinander, betrachteten uns mit Feindschaft und Haß. Nichts gelang. Der Barkeeper sollte neben mir stehen und mir etwas einschenken. Aber es gelang nicht. Das Glas fiel hin, alles wurde feucht. Es war schlimm. Ich vergaß die Sätze. Ich wußte keinen Text mehr. Ich hatte das Gefühl, in meinem Gehirn sind nur noch Löcher, nur ab und zu tauchte aus der Ungewißheit wie ein Blinkfeuer

irgendein Satz oder ein Wort auf; dann endete es wieder in Dunkelheit und Müdigkeit.

Ich wurde so müde. Ich hätte unentwegt schlafen mögen, in einem dunklen Zimmer schlafen, ohne Geräusch, und nie mehr den Kopf unter der Decke herausstrecken, nie mehr. Nie mehr in meinem Leben konnte ich hoffen, daß ich noch irgend jemandem begegnen würde, der die ganze Verwirrung, die über allem liegt, lösen und ordnen kann, und der es fertigbringt, an etwas Unsterbliches hinaufzureichen – an die Kunst. Nie mehr. Verloren, und nicht mehr zu finden.

Ich wurde krank. Ich lag im Hotel, und der Arzt kam. Spritzen – morgens, mittags und abends. Ich wußte nichts mehr. Das dauerte über eine Woche. Konnten wir nun spielen, oder konnten wir nicht spielen? Nein, wir konnten nicht.

Aber: das Theater, die Abonnenten, der Zuschuß, die Verpflichtungen, die Abonnenten. Also sagte ich zu dem Arzt: »Ich fahre jetzt zwei Tage nach Hause, und wenn ich dann wiederkomme, dann geht es gut.«

»Sie können doch jetzt nicht fahren, das ist doch unmöglich!« Ich fuhr und hatte zwei Tage Zeit für mich.

Es war im Herbst, von den Bäumen wurde das Obst abgenommen, die Frauen standen hoch oben auf der Leiter, die Kinder hüpften unter den Bäumen herum und schrien und lachten. Die

Äpfel und Birnen fielen ins Gras, und die Kinder sammelten die Früchte in die Körbe. Ein Mann lag auf der Erde und hatte seine Beine hoch gegen den Baum gelegt, er lag da und rauchte.
Abends war Mondschein. Eine silbrige, schimmrige Spur über dem ganzen See.
Dann fuhr ich zurück und spielte. Es ging wieder.
Aber das Ganze blieb schlimm, schwierig.
Jahrelang.

Und dann die Tourneen. Hundertmal hintereinander! Immer das gleiche Stück.
Und im Omnibus sitzen, von Basel nach Bremen und von Lübeck nach Stuttgart und von Stuttgart nach Elmshorn.
Und jedesmal hofft man von neuem, daß es gut gehen wird, daß es lustig wird.
Nichts dergleichen.

Schon auf der Generalprobe, die in einer kleinen Stadt in Westfalen stattfand, ging nicht alles so, wie es gehen sollte. Unser Regisseur brachte einen Freund zum Düsseldorfer Flughafen, es schneite, und er verspätete sich.
Stunden später kam er, müde, unlustig. Uns ging es genauso. Wir hatten Stunden mit nutzlosem Warten verbracht.
Es fand gar keine richtige Probe mehr statt. Der Abend kam, wir hatten keine Lust mehr.

Zur Premiere rissen wir uns dann alle zusammen, so wie es immer ist. Was aber von vornherein so vage und ungenau behandelt worden war, brachte auch hinterher kein Ergebnis. Dazu die Omnibusfahrten, alle zusammen im Omnibus.
Die Weinflaschen wurden geöffnet, die Käsebrote geschmiert. Und die abendlichen Rollen nachts weitergespielt.
Für das Theater aber keine richtigen Kräfte mehr. Und nie sich schminken; warum schminkt ihr euch nicht? – ach, wozu denn.
Man darf keine Ansprüche mehr stellen. Dann geht es. Keine Ansprüche.
Was wollte ich denn eigentlich aufrechterhalten? Die Erinnerung an etwas Vergangenes, einmal Gewesenes, das heute niemand mehr verstand und womit ich alle nur ärgerlich machte und störte – was aber doch sein mußte, wenn auch in anderer Form?
Die Sonne schien auf die Autobahn, bei Aufenthalten konnten wir im Freien gehen, der Schnee verschwand. Das brachte allen eine größere Ausgeglichenheit, etwas Freundlichkeit kam auf, ein bißchen Zärtlichkeit. Abends gab es eigentlich zum erstenmal wieder eine bessere Vorstellung. Die Reaktionen waren von größerer Intensität, das Publikum verständnisvoll und belustigt.
Nach der Vorstellung blieben wir noch zusam-

men und schlenderten durch die Stadt. Wir kamen an ein Haus, wo vorne in einem Kasten Bilder von nackten Frauen aushingen. Wir gingen hinein. Der Geschäftsführer freute sich, uns zu sehen, er brachte unsere Mäntel zur Garderobe und gab uns einen Tisch in der Mitte des Lokals, neben der Musik. Es war fast dunkel, nur einige Lampen auf den Tischen, und fast nur Männer zu sehen, alles Männer.

Die Musik war gut, nicht zu laut; die Kellnerinnen waren ältere Frauen, um die vierzig oder fünfzig, und man konnte sich vorstellen, was sie früher gemacht hatten.

Zuerst trat eine Spanierin auf. Sie tanzte spanisch, hob den Rock, zeigte die Beine, nahm den Büstenhalter, drehte sich, bewegte sich – nichts Besonderes.

Dann kam eine junge Negerin. Sie war nackt bis auf einen kleinen goldenen Gürtel, den sie dann auch abnahm. Sie hatte einen hübschen Busen wie zwei feste Birnen, eine glatte braune Haut und einen kleinen, runden afrikanischen Hintern, den sie besonders liebte. Mit ihren flachen, beweglichen Händen streichelte sie ihn, bewegte ihn hin und her, streichelte das Büschel schwarzer Haare zwischen ihren langen Beinen, steckte die Finger in den Mund, zeigte hierhin, dorthin, winkte, bewegte sich vor und zurück, erst ganz langsam, dann ein bißchen schneller, machte die

Beine breit, verschwand plötzlich mit einem ungeheuren und frechen Gelächter, kam wieder und verbeugte sich, Applaus, Applaus, und dann war ein Augenblick Ruhe und nur Musik.
Wir tranken Sekt und rauchten. Dann trat ein Mann auf, ganz lang, ganz dünn, mit langen Haaren, und zeigte seine einsamen Späße an sich selbst; man brauchte nicht hinzusehen.
Und dann kam ein Paar. Sofort als die beiden auftraten, war im ganzen Raum eine merkwürdige Spannung, ein Gefühl von Unbehagen oder Unsicherheit, das aber vertuscht werden sollte. Die Frau war klein, zierlich, blond, blauäugig, ganz nackt, mit einem kleinen weißen Körper, makellos, eine schneeweiße Haut ohne Fehler, ganz ebenmäßig. Fast ein Kind noch. Was wollte sie hier? Wer konnte das sein – der Vater vielleicht ein Dentist, ständig in weißen Kitteln, die Mutter eine Frau, die Fenchel und Chicoree verkaufte, oder eine Verkäuferin bei Woolworth. Und dann ihr Partner. Ein Enddreißiger oder Anfangvierziger. Mager, knochig, die Haare fielen ihm aus, er sah auch im Gesicht nicht gut aus – ein kleiner Beamter in einer kleinen Stadt.
Er trug einen Bademantel aus grauem und rotem Frottee, setzte sich auf einen Stuhl und las die Zeitung. Sie tanzte vor ihm hin und her. Die Musik fing an zu spielen, die Zuschauer hielten den Atem an und saßen starr auf ihren Plätzen.

Sie nahm ihm die Zeitung fort, zog ihm den Bademantel aus, löste ein schmales Band zwischen ihren Beinen und schwenkte es vor seinem Gesicht und vor seiner Nase hin und her. Er streckte sich, und sie legte sich auf den Boden, und er steckte seinen Schwanz Glied Penis zwischen das blonde Gekräusel in ihrer Mitte, ihre Beine schlossen sich um seinen Rücken, und sie taten es.
Als er fertig war, wischte er sich ab, ein Augenblick der Ruhe, aber kein schnellerer Atem, nur der Mund ein wenig geöffnet, und die Augen offen; aber ihre blauen Augen sahen nichts und niemand. Dann ging es weiter, er legte sich hin, langsam, mit einer ungeheuren Grazie legte sie ihre Beine zurecht, bis die beste Möglichkeit über ihm erreicht war, es ging lange, ausgiebig; dann das Zurücksinken, ein Augenblick Pause.
Dann wieder von neuem, dieses und jenes, und nie schnellerer Atem, langsame und genaue Demonstration, atemlose Zuschauer, Musik. Dann drei ganz helle Scheinwerfer, Verbeugung, aus, vorbei: Wir standen auch auf. Nein, danke, es war alles wunderbar, aber wir müssen gehen.
Ziemlich schnell trennten wir uns, keine Lust mehr zu Gesprächen oder Gelächter – worüber sollte man lachen? Nur Theo, der in unseren Vorstellungen den jungen Liebhaber spielte, blieb neben mir stehen. Er weinte.
»Warum weinst du?«

»Mir ist so schlecht, ich muß mich übergeben.«
Ich hielt ihm den Kopf, er spuckte alles aus. Den Sekt, den Heringssalat vom Abendessen. Seine Hände waren kalt – »oh, wie ist mir schlecht, mir ist ganz schlecht.«
Als es vorbei war, lehnte er den Kopf an meine Schulter; er sah aus wie ein kleines trauriges Kind.
»Das werde ich nie vergessen – wie es heute abend war, habe ich es noch nie gesehen. Warum machen die das? Ob das seine Frau ist?«
»Das weiß ich nicht. Und warum – ja, für Geld, oder weil es ihnen Spaß macht.«
»Ich habe eine Freundin, Gaby, die ist sechzehn; der darf ich doch nie erzählen, daß ich da war.«
»Bring es fertig«, sagte ich, »bring es fertig, daß du ein anderes Leben hast, als es jetzt ist. Das ist doch nichts. Du bist Schauspieler, das Schönste auf der Welt. Sag doch jetzt nochmal deine Sätze, sag sie so, wie sie sein müssen, wie du sie abends sagen müßtest, bitte sag es. Ich sage die Aksjuschka, hier ist jetzt niemand, niemand hört uns, also: Ich weiß nichts, ich fühle nichts, ich bin wie tot, ausruhen möchte ich – ich bin tot Vetter, tot für immer.
Sieh mich an, Liebe, ich bin ein erbärmlicher Landstreicher, aber auf der Bühne bin ich ein Prinz. Ich lebe sein Leben, ich erdulde seine Qualen, vergieße seine Tränen über die arme Ophelia und liebe sie so, wie vierzigtausend

Brüder sie nicht lieben können. Du bist jung und schön, du hast Feuer in den Augen, Musik in deinen Bewegungen, eine Königin wirst du sein auf der Bühne.
Oder sage etwas anderes, sage: In einer Nacht wie diese, da linde Luft die Bäume schmeichelnd küßte . . .
Oder sage aus Richard dem Dritten: So wüst und schön sah ich noch keinen Tag, wie weit geht es nach Forest?«
»Morgen kann ich es«, sagte er, »morgen kann ich es bestimmt, oder übermorgen oder in einem Jahr oder in zwei Jahren, hab Geduld.«
Es ging ihm wieder besser, seine Haut war wieder warm und frisch. »Gute Nacht«, sagte er, »und vielen Dank, vielen Dank für alles.«
Ich ging auch, und als ich in mein Zimmer kam, saß mein Hund auf der Fensterbank. Er hatte auf die Straße heruntergesehen und auf mich gewartet.
»Guten Abend, mein Hund«, sagte ich, »wie lieb, daß du gewartet hast.«

Ich war während der Tournee einmal nach Hause gefahren, hatte meinen Wagen geholt und meinen Hund mitgenommen.
Wir standen immer früh auf. Nach dem Frühstück packte ich, dann fuhren wir.

Die wunderbaren Gegenden, durch die wir kamen.
An den Rhein, an die Mosel, in die Pfalz.

Mein Hund Cindy, ein Setter, kam aus einem Zwinger in Hamburg. Außerhalb, irgendwo zwischen Nissenhütten und kleinen Holzlauben. Der Besitzer war ein großer, starker Mann aus Ostpreußen; er hatte eine dicke, starke, große Tochter. Beide trugen schwarze Lederanzüge. Man konnte sich genau vorstellen, wie sie vielleicht vor einigen Jahren noch in Braun ausgesehen hatten. Überall bellten Schäferhunde, die von ihnen dressiert wurden. Schöne Tiere sah man: einen Dalmatiner, weiß mit schwarz, und einen Hund, den ich nicht kannte, auch weiß mit ganz zarten goldenen Pünktchen. Und dann ging die Tochter und öffnete eine Tür, und heraus kam eine Setter-Hündin, weiß mit starken braunen Flecken – Tiger-Schecke. Und der Hund zitterte und drängte sich an die Frau, er schaute unentwegt zitternd zu ihr auf und zeigte ein solches Gemisch von Entsetzen und dem Versuch, höflich zu sein, daß ich stillstand und sagte: »Den nehme ich!«
Sofort stand auch der Hund still, tat nichts mehr, und wir sahen uns an. Ich bezahlte, setzte den Hund ins Auto und fuhr fort.
Nach einer halben Stunde hielt ich an. Der Hund sah mich an, ich sah den Hund an – gemacht!

Wir fuhren zuerst nach Berlin, wo ich auf dem Gelände, das Artur Brauner gehörte, einige Filmtage hatte. Dieses furchtbare Gelände in Spandau, voll Dreck, voll Schmutz, voll Unordnung, voll Ratten, wo nie mehr aufgepackt und aufgeräumt wurde, weil jeder wußte, eines Tages ist es vorbei. Ich saß mit Cindy am Ufer des Wassers und trank einen Kaffee. Sie saß dicht an meinem Knie, unentwegt, da hörte man einen Schuß über das Wasser, eine Segelregatta sollte stattfinden. Der Hund lief fort. Besinnungslos, irgendwohin. Ich sah ihn nicht mehr. Dann wurde ich zur Aufnahme gerufen. Ich ging ins Atelier und drehte meine Szene und dachte nur immer, hoffentlich geht es schnell, hoffentlich bin ich gleich fertig. Dann nahm ich die Garderobiere mit hinaus. »Bitte, hilf mir doch suchen!« Wir suchten überall. In den Werkstätten, in den Garderoberäumen, in den Ateliers. Wir suchten über eine Stunde nach Cindy. Wir fanden sie nicht. Die Garderobiere ging fort. Ich setzte mich an den Tisch, an dem ich vorher gesessen hatte. Über dem Tisch hing eine karierte Kaffeedecke bis zur Erde. Und plötzlich fühlte ich an meiner Hand eine kleine weiche feuchte Hundeschnauze. Cindy war heimlich und leise genau an den Platz zurückgekehrt, von dem sie weggelaufen war.

In der Pfalz blühten die Pfirsiche. Die ganze

Ebene, in der der Wein wuchs, war übersät von diesen rosa Blüten.

An den Waldrändern brachen die Buchen und Lärchen auf. Wie begierig der Hund war, in alle Wälder hineinzulaufen, unterzutauchen und zu verschwinden! Cindy hatte sich merkwürdig verändert. Mit einem Satz sprang sie aus dem Auto heraus, wenn ich anhielt, und jagte los, die Nase immer an der Erde auf dem feuchten Waldboden. Sie wußte sofort, wo ihre Feinde zu finden waren – im Unterholz zwischen den Weißdornhecken und Buchenbüschen. Nach kurzer Zeit hörte ich die Fasane mit ihren knatternden Flügelschlägen auffliegen, der Hund zitternd und bebend hinterher, und die Fasane lockend, rufend, fast zärtlich den Hund verführend, immer weiter, noch ein bißchen weiter, vom Nest fortzukommen.

Das dauerte Stunden. Wenn Cindy dann wiederkam, hatte sie einen sonderbaren Ausdruck in den Augen. Gedanken an Mord.

Aber vielleicht hatte sie das damals von mir und übernahm nur, was ich selbst dachte. Ich hatte angefangen, in den Städten einzelne Geschäfte zu betrachten – es gibt sehr schöne Sachen zu kaufen. Brotmesser, Fahrtenmesser, türkische Krummsäbel, lange Säbel, schlanke Säbel. Glatte Scheiden, gezackte Scheiden, Mittelalterliches aus Venedig, vergoldet, mit grünen und roten Steinen belegt, ganz scharf und spitz, Toledostahl. Auf wen wollte ich einstechen? Vielleicht auf einige Intendanten, zwei oder drei, auf Herren von der Kulturabteilung, Kulturdezernenten, Kultursenatoren. Was hatte der eine gesagt? »Ach, wissen Sie, die Frau war nun schon sieben Jahre hier – wenn wir die nun nochmal engagieren, dann will sie vielleicht später eine Rente haben.« – Oder, besser noch, auf einige Damen, teils schlank, teils vollschlank, holde Mütter, die sich ab und zu meine roten Perücken aufstülpten und meine Rollen spielten.

Aber um mich hatten sie ein großes Gitter gebaut und fest abgeschlossen; die Schlüssel steckten sie in ihre Röcke, ab und zu durchs Gitter äugend, ob ich ihnen auch nicht zu nahe kam. Zuweilen gingen sie zum Grab. Aber der Chef war dort nicht, nur die goldenen Buchstaben: Gustaf Gründgens.

Täuschung und Sich-Entziehen bis zuletzt. Es war nur Staub aufbewahrt, vielleicht von einer alten philippinischen Bettlerin.

Er selber lag im Meer. Ein Kind ging am Strand entlang und warf einen Stein über das Wasser. Der Stein hüpfte leicht über die Wellen und sank dann. Dort war es. Hingeschüttet auf den Grund zwischen Sand und Salz, vielleicht eines Tages bereit zu einem neuen Muster.

Vielleicht.

9

Thomas saß mir gegenüber, nahm aus seiner Mappe die Blätter heraus und gab sie mir. Hinter seiner kleinen Eisenbrille nahmen seine Augen einen erwartungsvollen und gierigen Ausdruck an.
»Danke.« Ich nahm die Blätter und las.

»Feuer frei«
Eine Feuerwehr hält an einer Tankstelle. Der Tankwart tankt den Wassertank voll.
Der Matrose Hans und sein Freund Thomas schlendern über den Fischmarkt. Sie planen Hansens Tante Elisabeth zu besuchen, um sich aufzuwärmen und zu essen. Hans bindet sich einen Fisch als Krawatte um.
Tante Elisabeths Stimme ist zu hören: »Ihr naht euch wieder, schwankende Gestalten ...«
Tante Elisabeth in ihrem Wohnzimmer: »... ihr bringt mit euch die Bilder froher Tage ...«
Tante Elisabeth zum Zuschauer: »... sie hören nicht die folgenden Gesänge ... was ich besitze, seh ich wie im Weiten, und was verschwand, wird

mir zu Wirklichkeiten.« Bei den letzten Sätzen sieht man das kleine Haus, in dem die Seemannswitwe Elisabeth wohnt. Es ist später Vormittag. Mit müden Schritten kommen Hans und Thomas an.

Hans klingelt. Die Tante öffnet und freut sich, den Neffen wiederzusehen. Sie setzen sich in die Wohnstube und sprechen über Familienangelegenheiten. Thomas sagt kein Wort. Er hat sich eine Zigarette in den Mund gesteckt, steht auf und sucht nach Feuer. Er geht in die Küche.

Inzwischen erzählt Tante Elisabeth Hans, sie freue sich, daß er seine Freundin mitgebracht habe. Zu dritt könnten sie die Szene »Der Nachbarin Haus« spielen. Theater ist die Leidenschaft der Witwe.

Thomas findet keine Streichhölzer. Er holt sich Feuer aus dem Herd. Dabei rollt eine glühende Kohle in das Brennholz. Elisabeth tritt auf und holt Thomas in das Wohnzimmer.

Hans erklärt Thomas, daß sie vor dem Essen noch Theater spielen wollen. Thomas sagt ja – aber er denkt an die Kohle.

Die Tante erstickt die Widerrede. Während beide ihre Rollen lernen, steht sie in der Küche und kocht. Sie bemerkt den schwelenden Brand nicht.

Hans erscheint an der Tür. Sie seien fertig, meint er und schnüffelt: das Essen riecht lecker.

Tante Elisabeth sagt: »Dann ist es Zeit, in die

Kostüme zu steigen.« Sie nimmt zwei Mohrrüben und bittet die Jungen in das Schlafzimmer – die Garderobe. Thomas – Gretchen – zieht ein Kleid an und legt Rouge auf. Hans bastelt aus den Möhren eine Teufelsmaske. Elisabeth schickt beide vor die Tür.

Beide sehen, wie aus dem Küchenfenster Rauch kommt.

Im Zimmer beginnt Elisabeth: »Gott verzeih's... bis . . . Totenschein.«

Thomas aufgeregt: »Tante Elisabeth!«

Elisabeth: »Frau Marthe!«

Thomas zeigt auf den Qualm, der aus der Küchentür ins Zimmer dringt.

Tante Elisabeth: »Dein Auftritt. Deine Rolle. Wir wollen spielen.«

Die Szene »Der Nachbarin Haus« läuft ab, während Qualm, Stimmen und Feuerwehrgeräusche in das Zimmer dringen.

Die Szene ist beendet. Hans und Thomas laufen ins Freie. Hans dreht sich um. Tante Elisabeth steht am Fenster. Hans ruft: »Tante Elisabeth, es brennt!«

Von ihrem Standpunkt aus sieht Elisabeth eine Menschenmenge und die Feuerwehr. Sie macht weiter: »Wohltätig ist des Feuers Macht...« Aus allen Fenstern schlagen Flammen. Die Menge ist begeistert. Elisabeth verbeugt sich. Hochrufe. Verbeugung. Hüte werden in die Luft geworfen.

Elisabeth kommt aus dem Haus.
Der Feuerwehrhauptmann hört auf zu klatschen und ruft: »Feuer frei.« Eine Explosion erhellt den Mittag.

Ich gab die Blätter zurück. »Und ich soll die Tante Elisabeth spielen?«
»Ja, bitte. Bitte.«
Er beugte sich weiter vor, sein Hemd war offen bis zum Gürtel, der Gürtel war aus goldfarbener Seide, das Hemd hellblau, die Hose aus Samt. Er fuhr sich mit den Händen über die Brust, junge Brust mit blondem Gekräusel und wildes blondes Gekräusel als Glorienschein um den Kopf.
»Warum soll ›Faust‹ verbrannt werden?«
»Das muß herausgerissen werden aus der Erinnerung.«
»Ja, aber ›Faust‹ in Hamburg war die letzte Vorstellung, zu der sich die Leute noch nachts angestellt haben, um eine Karte zu bekommen; das gibt es nirgendwo mehr, nirgends.«
»Ja, deshalb, und Sie müssen dabei helfen!«
Er wurde immer eifriger. Die Tränen traten ihm in die Augen, er wischte an seiner Nase herum, lehnte den Kopf auf dem Sessel weit zurück und preßte die Hände zusammen.
»O Gott, wenn ich doch etwas fertigbrächte, endlich etwas fertigbrächte!«

Er schlug die Hände vors Gesicht:
»Lachen Sie doch«, sagte er, »lachen Sie doch, wir bringen nichts fertig, wir bringen immer noch nichts fertig, nur Versuche, aber es wird anders, es wird besser.«
Ja, ja, ich weiß es.

Das Appartement, in dem ich in Frankfurt wohnen sollte, gehörte zum Schauspielhaus und lag direkt neben dem Theater. Rundherum wurde die U-Bahn gebaut. Morgens um viertel nach sechs fingen die Arbeiter an, ihre Maschinen anzulassen. Das ging bis abends spät. Aber alle Kollegen, die dort wohnten, Münch, Erfurth, Imo Moszkowicz, alle hielten es aus und arbeiteten und versuchten zu schlafen und ihre Arbeit zu machen. Schlimmer war etwas anderes. In Frankfurt wollte niemand mehr Ulrich Erfurth als Generalintendanten sehen. Jeden Tag standen in irgendeiner Zeitung Angriffe gegen ihn, Halbwahrheiten, halbe Unwahrheiten, Kränkungen, Beleidigungen. Ich bewunderte die Gelassenheit, mit der er das ertrug, und seinen unverminderten Arbeitseifer. Unvermindert! Aber ich fragte mich: ist es richtig, alles auf diese Art und Weise auszuhalten, oder muß man protestieren? Warum das alles hinunterschlucken? Warum konnten nicht alle zusammen am Theater arbeiten, wie es immer gewesen war? Warum sich nicht wehren, seinen Standpunkt klarstellen? Hier bin ich, was wollt ihr, sucht die, die es so viel besser machen können! Muß man eine Arbeit unter allen Umständen fortführen? Bis zu einem Ende, das nichts mehr einbringt? Oder hat man das Recht, sie abzubrechen?

»Nimm den Hut!« sagte ich. »Fahr Taxi, davon kann man leben.« Er tat es nicht. Er war auf diesen Posten engagiert worden. Er wollte seinen Vertrag erfüllen.

Dazu kamen andere Unannehmlichkeiten. Neue Angriffe aller Art. Die Schauspieler blieben die gleichen. Sie spielten jeden Abend ihre Vorstellung. Sie machten es möglich, daß in diesem zerredeten und beschimpften Bereich überhaupt alles weiterlief. Aber manchmal habe ich mir gewünscht, daß sie sich aufgelehnt hätten. Daß sie gestreikt hätten. Warum nicht? Sie waren doch mit dem ganzen Zustand nicht zufrieden. Warum also lehnten sie sich nicht auf? Würde die Auflehnung ihnen nicht weiterhelfen, auch im täglichen Leben? War es nicht notwendig, sich über die Forderung des Täglichen hinauszusetzen – in einen Raum, in dem ihre freie Entscheidung unverletzt existieren konnte? Ich gebe zu, dies ist ein Punkt, der mich mein Leben lang beschäftigt hat. Ich gebe zu, daß auch ich dem Theater hätte dienen, der Vernunft hätte gehorchen müssen. Ich konnte es nicht. Ich hatte ein Gefühl, als würde ich am Hals gewürgt, festgebunden und in eine Grube geworfen, aus der ich nie mehr herauskam. Ich schrieb einen Brief an die Zeitung:

Sehr geehrte Herren!
Ich protestiere gegen die Art und Weise, wie hier in Frankfurt die Arbeit des Generalintendanten und des Schauspieldirektors ständig verletzt und beleidigt werden.
Heute las ich in der FAZ unter »ANFANG VOM ENDE« folgendes: »Künstlerische Akzente sind in dieser Saison nicht mehr zu erwarten.«
Ich war gekommen, um die Hekuba in den »Troerinnen« zu spielen. Unsere Premiere ist noch gar nicht gewesen. Jetzt schon sind wir verurteilt. Ist das alles richtig? Ich werde diese Rolle nicht mehr spielen.
Für die Hast und die Gewalt, mit der die neuen Positionen besetzt werden sollen, wünsche ich Ihnen trotzdem alles Gute.
Wenn Ihr Experiment nicht gelingt, hätte nur wieder das Theater die Folgen zu tragen.
Wir sind sicher beide gleichzeitig leidenschaftlich an Problemen des Deutschen Theaters beteiligt. Wie schade, daß unsere Wege zur Beseitigung dieser Probleme so verschieden zu sein scheinen.

Mit vorzüglicher Hochachtung

Ich würde also Frankfurt wieder verlassen müssen, diese Stadt, die ich so sehr liebte wegen ihrer Scheußlichkeiten, Widerwärtigkeiten, wegen der ungeheuren Menge von Dreck und Schmutz, der überall herumlag, wegen der vielen Banken, der vielen Bankiers, der vielen blonden Huren, der vielen Amerikaner, scheußlich wegen der ganzen Ähnlichkeit mit einem billigen Western-Saloon, unruhig, Diskussionen nie ausweichend, wegen der Mainlustanlagen, alles ungepflegt, ungeordnet, vernachlässigt – doch eines Tages, in drei oder fünf Jahren, würde diese Stadt fabelhaft sein, eine der interessantesten und größten europäischen Städte.

Als ich fort war, überlegte ich auf der Autobahn andauernd, ob es richtig war, was ich getan hatte.

Kein Theater, keine Rolle, nichts verdient.

Außerdem war möglich, daß alles so blieb, wie es jetzt war, oder schlimmer wurde – nur noch Unvollkommenheiten, nur noch Stückwerk, zersprengte Steine, und immer die Sprengmeister am Werk. Immer bei ihrer Arbeit.

Gestern abend hatte ich noch mit Andrea in der Kantine vom Schauspielhaus gesessen.

Ungemütliche Kantine, ein Raum im Keller, Tische und Stühle, die ebensogut in einem Wartesaal dritter Klasse hätten stehen können. Plasticbuffet mit Käsebroten und altem Kuchen. Wir waren beide müde; Andrea hatte die Beine auf den Stuhl gelegt, sie trank ein Cola, ich ein Bier.

»Heute waren bei uns siebenundachtzig Zuschauer«, sagte Andrea. »An dem neuen Stück probieren wir schon sechs Wochen, und keiner hat die Hoffnung, daß was daraus wird.«

Rundherum saßen Kollegen, Schauspieler mit ihren Frauen, mit ihren Freundinnen, mit ihren Hunden. Die Hunde bellten und wollten auf die Straße und nach Haus.

»Ich weiß nicht, was Sie denken, aber wenn ich das alles so sehe . . .«

»Laß doch«, sagte ich.

Die Käsebrote, die Wespen auf dem Kuchen . . .

Als wir von Düsseldorf fortgingen, wurde sofort eine Kantine eingebaut – wir haben nie eine Kantine gehabt.

»Ich halte es durch«, sagte Andrea, »trotz allem, ich halte es durch. Ich will Ihnen auch sagen, warum. Nachts kommt manchmal meine Mutter und füttert mich mit Erdbeeren.«

»Andrea«, sagte ich, »deine Mutter ist seit sechs Jahren tot.«

»Ja. Auf der Autobahn. Aber Sie haben sie gekannt, Sie haben in Berlin mit ihr zusammen Theater gespielt. Glauben Sie mir etwa nicht?«

»Hör zu. Du kannst tun, was du willst, du kannst machen, wozu du Lust hast, sie können dir einreden, was sie wollen – aber wenn du

das verlierst, was du mir eben gesagt hast ...«
»Ich verlier es nicht. Sie können sicher sein. Das verlier ich nicht.«

Und als ich danach einige Tage zu Hause war, zog ich ein weißes Kleid an und setzte eine Perücke auf, die ich in Rom gekauft hatte; leichte, lange, goldfarbige Haare, die mit einer grünen Nadel hochgesteckt wurden, was sehr schön aussah. Ich legte mich in die Sonne. Da kam die Laxganger vorbei und schrie:

»Waren Sie noch nicht beim Pfarrer? Sie wissen doch, der Platz oben an der Südseite, ich habe es Ihnen doch schon gesagt!«

»Halt deinen Mund«, sagte ich.

Schutzumschlag und Einband Werner Rebhuhn
unter Verwendung eines Fotos von Rosemarie Clausen
Gesetzt aus der Cicero Garamond-Antiqua
Gesamtherstellung Butzon & Bercker, Kevelaer